kritik & *utopie* ist die politische Edition im mandelbaum *verlag*.
Darin finden sich theoretische Entwürfe ebenso wie Reflexionen aktueller sozialer Bewegungen, Originalausgaben und auch Übersetzungen fremdsprachiger Texte, populäre Sachbücher sowie akademische und außeruniversitäre wissenschaftliche Arbeiten.

Rita Laura Segato

WIDER DIE GRAUSAMKEIT

Für einen feministischen und dekolonialen Weg

Übersetzt und mit einem Glossar versehen
von Sandra Schmidt

mandelbaum *kritik & utopie*

Gefördert von der Rosa-Luxemburg-Stiftung mit Mitteln des Bundesministeriums für wirtschaftliche Zusammenarbeit und Entwicklung

Der Inhalt des Buches liegt in der Verantwortung der Autorin und gibt nicht notwendigerweise die Position der Rosa-Luxemburg-Stiftung wieder.

ROSA
LUXEMBURG
STIFTUNG

Originalausgabe:
CONTRA-PEDAGOGÍAS DE LA CRUELDAD
Prometeo Libros (Buenos Aires) 2018

2. Auflage 2023

Lektorat: Elvira M. Gross
Satz: Kevin Mitrega
Umschlag: Martin Birkner
Druck: Primerate, Budapest

Inhaltsverzeichnis

Vorwort: Lob des Ungehorsams

Endlich erscheint eine Sammlung von Vorträgen der argentinischen Anthropologin Rita Segato, die ihre Lehrtätigkeit in Brasilien ausübte und getrost auch als brasilianische Wissenschaftlerin bezeichnet werden kann, auf Deutsch. Das freut mich, denn seit ich sie vor zwei Jahren auf einer Konferenz in Frankfurt kennengelernt habe, regt mich jede Form der Wiederbegegnung mit ihr auf großartige Weise an und auf. In dieser späten Entdeckung für ein deutschsprachiges Publikum zeigt sich die epistemische Übermacht Europas. Denn spätestens seit ihrer Veröffentlichung zu den Femiziden in Mexiko 2006 unter dem Titel »Die Schrift auf den Körpern der ermordeten Frauen in Ciudad Juárez«, zählt Segato zu den wichtigsten Denkerinnen in Lateinamerika. Ausgehend von der »violencia de género«, der sexuellen Gewalt, erzählt sie eine Gewaltgeschichte Lateinamerikas, in der sie die Unterdrückung und Gewalt gegen die Frauen und gegen Menschen aller nicht heterosexuellen Selbstbestimmungen aus den kulturalistischen Zuschreibungen des lateinamerikanischen Machismus herauslöst. Letztere sind nämlich eine Form augenzwinkernder Billigung. Stattdessen verschränkt sie diese Gewalt mit den bestehenden und sich über die Gewalt reproduzierenden kolonialen Strukturen und Denkweisen. Diese Gewalt gegen Frauen – ich bleibe hier bei Frauen, denn sie stellen die Mehrheit der Angegriffenen, aber sie richtete sich auch gegen nicht-binäre Menschen – geschieht, so Segato nach ausführlichen Gesprächen mit Vergewaltigern in einem brasilianischen Gefängnis, nicht aus einem sexuellen Defizit heraus. Vielmehr handelt es sich um einen kommunikativen Akt der Unterwerfung und damit Bestätigung des »Mandats der Männlichkeit« als eine indirekte Kommunikation mit anderen tatsächlich oder im Geist anwesenden Männern, in deren zustimmenden Blick die eigene Männlichkeit sichergestellt werde. Hier kommt der Kolonialismus zur Sprache, weil sich die Kolonisierung der Länder in der Unterwerfung der Frauenkörper, dem ursprünglichen kolonialen Akt der reproduktiven Aneignung, in seiner Grausamkeit und als Trauma wiederholt. Segato beschreibt die Gewalt gegen Frauen als einen Akt des »Herausziehens« und spielt auf den Extraktivismus an, also den gnadenlosen Rohstoffabbau, der ganz Lateinamerika überzieht und die noch vorhandenen indigenen Gemeinden bedroht, die das Eigentümliche, das Ungehorsame und das Nicht-Kapitalismusfähige zum Ausdruck bringen. Und das in einer Geschwindigkeit, mit der die einst so starken sozialen Bewegungen nicht mithalten können.

Der Extraktivismus hat mit dem Neoliberalismus in vielen Ländern des Subkontinents Einzug gehalten und die Ideologie einer eigenständigen ökonomischen Entwicklung abgelöst, die zum Beispiel in Brasilien auch die Militärdiktatur zur Grundlage hatte. An die Stelle einer mit viel Pathos aufgeladenen Idee von Nation, die bestrebt war, sich an die ehemaligen Kolonialmächte in Modernität und Wirtschaftswachstum anzuschließen, rückte nun die nackte Gewinnsucht und damit, wie Rita Segato in einem Gespräch zu Wiederauflage ihres Textes über Ciudad Juárez sagt, »die Informalität der Wirtschaft«. Dabei geht es ihr nicht erster Linie um den informellen Sektor der Überlebensökonomien, sondern um die Bankiers und großen Unternehmer aus »weißen« und »guten Familien«, die zwischen der Welt der staatlichen und einer parastaatlichen

Ökonomie und Paraökonomie switchen. Es braucht nicht viel Fantasie, um sich vorzustellen, dass diese extraktivistische Modernisierung zu einer Gewaltexplosion geführt hat, die sich in ihrer Verzahnung zwischen der sichtbaren und unsichtbaren Wirklichkeit schwer erfassen lässt und weder durch staatliche Sicherheitsmaßnahmen noch durch soziale Reformen verschwindet. Hier kündigt sich ein Zukunftsszenario an, das nicht nur Lateinamerika betrifft. Schon allein deshalb ist es wichtig, die lateinamerikanischen Debatten rund um die endemische Gewalt zur Kenntnis zu nehmen.

Rita Segato versteht sich in der Tradition des peruanischen Denkers und Soziologen Aníbal Quijano, dessen Überlegungen zur »Kolonialität der Macht« sie mit der Beschreibung von Staatlichkeit und Parastaatlichkeit in den Amerikas weiterentwickelt hat. Diese Zweiteilung der Macht in legalistische und illegale Formen, die zugleich hybrid ineinander verschränkt sind, bezieht sich auf die Staatlichkeit wie auf jede Macht in Politik oder Wirtschaft. Die Nationalstaaten Lateinamerikas sind aus ihrer Sicht »falsch gegründete Republiken«, deren Eliten sich den Wohlstand und die gemeinsamen Güter aneigneten, als wären sie selbst eine Macht von außen, ohne jede gesellschaftliche oder dem Gemeinwohl verpflichtete Verantwortung. Segatos streitbare Kritik am Postkolonialismus, der die gesamte Welt als postkolonial begreift und somit einen neuen Universalismus für denkbar hält, hat mit dieser Idee der Kolonialität der Macht zu tun. Der Kolonialismus ist bei ihr eingebrannt in die Gegenwart; daraus erklärt sich auch eine auf den ersten Blick radikalere Kritik an der Moderne als postkolonial. Segato kritisiert die eurozentristische Haltung der Moderne, die von vorne herein auf die eigene Überlegenheit setzt. Verwirft sie damit auch die aus der Moderne entsprungene Idee des Individuums und der Selbstbestimmung eines jeden und einer jeden? Ich bezweifle das.

Rita Segato beschreibt in den vorliegenden Texten dieses Buches ihre Denkweise als mäandernd. Deshalb sind auch Gespräche und Assoziationen von Kolleginnen zu den Gesprächen Teil der Sammlung. Sie verkündet darin keine Wahrheiten, an denen wir unser Leben ausrichten können. Wer ein Loblied des *Buen Vivir* erwartet, wird enttäuscht. Andinische Kosmovisionen sind Teil ihrer Wahrnehmung von der Pluralität des Welt-Denkens. Ob dies eine Übung in der nötigen Dekolonisierung ist, sei dahin gestellt. Rita Segato kommt aus der marxistischen Linken und mit dieser Geschichte des Scheiterns ist sie in die gute Schule der Dekonstruktion gegangen. Insofern wird man von ihr nicht viele Vorschläge für ein gutes Neues bekommen. Positive Bezüge wie das »historische Projekt der Verbindungen«, das sie in Gegensatz zum »Projekt der Dinge« setzt, oder die »kommunale Verwurzelung« lesen sich in Abgrenzung zu einer Kolonialität der Macht und nicht als einen anderen Gesellschaftsentwurf.

In einem Gespräch, das ich mit ihr 2019 geführt habe, fragte ich sie, wer denn in ihren Augen im zur Zeit leeren und von den Helden der toxischen Männlichkeit entleerten Pantheon der Revolution sitzen könnte. Sie antwortete mir: Chelsea Manning. Sie ist in Segatos Augen eine Verkörperung des Ungehorsams als Antipädagogik zur Pädagogik der Grausamkeit, die uns alle das Patriarchat täglich lehrt. Die zweifache Verwandlung von einem IT-Nerd zu einem mitfühlenden Menschen sowie die existenzielle Neugründung ihrer selbst nach einer Geschlechtsumwandlung lassen sich als eine in jeder Hinsicht radikale Absage an die aufgezwungenen Normen des Patriarchats lesen. Segatos Politik des Ungehorsams ist eine Aufforderung, die sich jeder Form von Autoritarismus aber auch jeder Bürokratie und jedem Uniformismus widersetzt. Letztlich also eine herausfordernde tägliche Praxis für eine:n jede:n im Hier und Jetzt.

So sehr Rita Segato Inspiratorin und Teil der blühenden feministischen Bewegung in Lateinamerika ist, so vorsichtig ist sie mit der Glorifizierung der feministischen Bewegung als kollektives Subjekt. In dieser Bewegung zeigt sich der Ungehorsam gegenüber dem, »was sich gehört«: Hier findet sich eine andere Sprache, eine andere Körperlichkeit und eine über soziale Schranken hinweg geübte Verbindung, wie kurzlebig sie auch immer sein mag. Die chilenische Künstlerinnen-Gruppe »Las Tesis« hat das vorgemacht mit ihrer weltweit in den Bewegungen vom Irak über Libanon bis Deutschland aufgeführten Performance »El violador en tu camino!« (ein Vergewaltiger auf deinem Weg). Die Künstlerinnen beriefen sich dabei ausdrücklich auf Rita Segato. Der chilenische Regisseur Pablo Larraín hat der Figur der Befreiung und Freiheit, also einer Verkörperung des Ungehorsams, mit seinem Film *Ema* ein unerhörtes Denkmal gesetzt. *Ema* verspricht eine zukünftige Moderne, die aufruht auf der Dekonstruktion der Kolonialität, wie sie allen gut täte. Das zu schreiben, berücksichtigt Rita Segatos ernste Vorbehalte gegen einen Universalismus nicht, der in ihren Augen zu europäisch ist und zu wenig die lokalen Differenzen berücksichtigt. Aber die Figur Ema ist eine, die sich in ihrer Liebesfähigkeit jenseits der Heteronormalität immer neu erfindet. Sie gibt den Flammenwerfer nicht aus der Hand und dekonstruiert die überkommene wie möglicherweise auch die kommende Ordnung, so schön sie auch scheinen mag. Das dürfte ganz im Sinne von Rita Segatos Denken des Ungehorsams sein.

Katja Maurer, medico international

Editorische Notiz

Die Anmerkungen der Autorin stehen am Ende des jeweiligen Kapitels, Ergänzungen in eckigen Klammern dort stammen ebenso von der Übersetzerin wie alle Fußnoten am unteren Seitenrand. Erläuterungen zu zentralen Konzepten sowie Begriffen, die im argentinischen Spanisch beibehalten werden, finden sich in einem Glossar am Ende des Buches.

Einführung: Pädagogiken der Grausamkeit und wider die Grausamkeit

Zur Form

In diesem Buch werden dem Leser* drei Vorträge präsentiert, die am 25., 26., und 27. August 2016 an der Freien Fakultät Rosario gehalten worden sind. Für die vorliegende Publikation wurden sie vollständig neu geschrieben. Dabei bin ich thematisch dem Fortgang der Vorträge gefolgt, habe aber jene unvermeidlichen Leerstellen geschlossen, die wir in der gesprochenen Sprache hinterlassen. Außerdem habe ich die Grammatik begradigt, denn das gesprochene Wort ist so manches Mal überraschend ungrammatikalisch und auch wenig ästhetisch. Gleichwohl habe ich so weit als möglich den Stil der Oralität beibehalten.

In den Vorträgen habe ich die Themen und Debatten meines eigenen Weges von den Forschungen für meine Doktorarbeit bis in die Gegenwart nachgezeichnet. Ich verweile dabei bei einigen Erfahrungen und Reflexionen, die hier in einem bestimmten, gewissermaßen absichtlich diffusen Licht betrachtet werden. Einem Licht, das sich jener Art und Weise der Betrachtung entzieht, wie sie sich heutzutage in den Texten der Wissenschaft durchgesetzt hat, nämlich einer, welche die Umrisse der Figuren sehr klar abgrenzt. In diesem Sinne stehen

* Wie viele andere lateinamerikanische Autor:innen auch gendert Rita Segato nicht. Die Übersetzung folgt hierin dem Original.

diese drei Vorträge auch für eine bestimmte Widerständigkeit: Sie berufen sich auf das Recht zum Ungehorsam und versuchen sich an einer nicht immer erfolgreichen Flucht in Richtung einer libertären Konversation, weil sie den Fluss derselben nichts anderem unterwerfen als dem Interesse, das zu benennen, was für den Gesprächspartner verständlich ist. Man hat uns die Zeit geraubt, und mit der Zeit sind die Kunst der Konversation und das Vergnügen an ihr verloren gegangen. Noch können wir etwas von der kreativen Ungewissheit, die in der Zeit liegt, zurückerobern.

In dieser Hinsicht belegen die hier transkribierten Vorträge nicht zuletzt eben den kreativen Ansporn, den mir die Teilnehmer und Organisatoren der Freien Fakultät Rosario vermittelt haben. Ich würde diese kurze Einleitung gern nutzen, um im Wörterbuch nach Begriffen zu suchen, die meine Dankbarkeit und Bewunderung für diese jungen Menschen auszudrücken vermögen, die mich als Gastgeber der Freien Fakultät empfangen haben; stellvertretend für sie alle sei hier Adriano Peirone genannt. Selbst in düsteren Momenten hellt sich mein Gemütszustand wieder auf, wenn ich mich an die Hingabe erinnere, mit der sich diese jungen Menschen an die Aufgabe machen, den gemeinsamen Raum der Fakultät lebendig zu halten. Ein Raum, in dem die Zirkulation und die Diskussion von Wissen auf freundschaftliche Art und Weise ermöglicht wird, und das mit einer pädagogischen Geste, die der Kommerzialisierung des Wissens als technologisch-akademische Norm unserer Zeit widersteht und sie ablehnt.

Obwohl ich die transkribierten Notizen nochmals bearbeitet, umgeschrieben und vielfach ergänzt habe, um sie verständlich zu machen, zeigen diese drei Texte das Mäandern in meiner Art, mich über viele Jahre hinweg zu erklären. Ich benutze den Begriff des Mäanderns, um das zu benennen, was man im Englischen »stream of consciousness« nennt, was man als »Bewusstseinsstrom« übersetzen könnte. Ich bin überzeugt davon, dass dies erlaubt, eine Art Konversation auf einem teils unbewussten Niveau mit den im Saal Anwesenden zu führen – und ich bitte die weniger toleranten Leser um Verzeihung für all das, was esoterisch anmuten mag. Selbstverständlich habe ich, wie gesagt, in der schriftlichen Version, in der die Ko-Präsenz der Gesprächspartner, also der unterirdische Dialog zwischen der Rednerin und ihrem Publikum bis zu einem gewissen Punkt – allerdings auch nur bis zu diesem gewissen Punkt – aufgehoben ist, jeden Abschnitt nochmals betrachtet, verändert und inhaltlich ergänzt.

Das Thema

Als ›Pädagogiken der Grausamkeit‹ bezeichne ich alle Handlungen und Praktiken, welche die Subjekte lehren, trainieren und programmieren, das Lebendige und seine Vitalität in Dinge zu verwandeln. In diesem Sinne lehrt eine solche Pädagogik etwas, das weit über das pure Töten hinausgeht, sie lehrt ein deritualisiertes Töten, einen Tod, der nur Überreste anstelle eines Leichnams hinterlässt. Der Menschenhandel und die sexuelle Ausbeutung unserer heutigen Zeit sind dafür die perfekten Beispiele und zugleich auch Allegorien für das, was ich mit Pädagogik der Grausamkeit meine. So erklärt sich eventuell auch die Tatsache, dass all die extraktivistischen Aktivitäten mit dem Ziel der Herstellung von Commodities für den globalen Markt, die sich auf dem Land und in kleinen Dörfern Lateinamerikas beobachten lassen, Bordelle und die Verdinglichung der sich dort anbietenden Frauenkörper mit sich bringen oder diese ihnen sogar vorausgehen.

Wenn ich von einer Pädagogik der Grausamkeit spreche, beziehe ich mich auf etwas sehr Präzises, nämlich das Arretieren von etwas zuvor Schweifenden und Unvorhersehbaren wie es das Leben ist, um an seiner Stelle die Trägheit und Sterilität einer Sache zu implementieren, die messbar, verkaufbar, erwerbbar und anachronistisch ist – ganz so wie es für den Konsum in dieser apokalyptischen Phase des Kapitals gut ist. Der sexuelle Übergriff und die sexuelle Ausbeutung von Frauen sind heute Akte der Plünderung und der Konsumtion des Körpers, und sie sind die präziseste Sprache, in der sich die Verdinglichung des Lebens ausdrückt. Ihre Überreste landen nicht auf Friedhöfen, sondern auf Müllhalden.

Die Wiederholung dieser Gewalt produziert einen Normalisierungseffekt in einer Landschaft der Grausamkeit und senkt somit bei den Menschen die niedrigen Schwellen der Empathie weiter ab, was für die raubtierhafte Unternehmung unerlässlich ist. Die habitualisierte Grausamkeit ist direkt proportional zu den Formen des narzisstischen und konsumistischen Genusses und der Isolierung der Mitmenschen mittels einer Desensibilisierung gegenüber dem Leiden der Anderen. So verwandelt sich ein historisches Projekt, das darauf abzielt, die Bindungen als Realisierung des Glücks zu begreifen, in Richtung eines historischen Projektes, dessen Ziel in den Dingen als Form der Befriedigung liegt.[1]

Die Unterwerfung der Menschen unter die Bedingungen des Warencharakters, die der Mehrheit angesichts der prekären Beschäftigung und Bezahlung aufgezwungen wird, sowie die Rückkehr und Ausweitung von knechtähnlicher, halbsklavischer und sklavischer Arbeit sind Aspekte desselben Phänomens. Die Landnahme von Territorien – die bis vor kurzem noch als Räume kommunaler Verwurzelung galten, und als Landschaften, in denen die Geschichte eingeschrieben ist wie in Geschichtsbüchern –, die durch die extraktivistische Ausbeutung in Bergwerken und dem Agrobusiness in Commodities verwandelt werden sollen, sind Facetten dieser Verdinglichung der pachamamischen* Vitalität. Ich schließe hier auch die Entfremdung, den Diebstahl oder die Auslöschung des Fließens der Lebenszeit ein, die heute von den Geboten des Kapitals eingerahmt und gefangen gehalten wird: Wettbewerbsfähigkeit, Produktivität, Kosten-Nutzen-Analyse, Akkumulation, Konzentration. Sie nehmen uns das Fließen weg, das wir »Zeit« nennen und in dem alle Lebendigkeit begründet liegt. Die Pädagogik der Grausamkeit ist also jene, die uns an diese Zergliederung des Lebendigen und Vitalen gewöhnt, und sie scheint der unausweichliche Weg der Moderne zu sein, ihr ultimatives Schicksal.

Das aktuelle Paradigma der Ausbeutung hält eine enorme Vielfalt an Formen der Schutzlosigkeit und Prekarität des Lebens vor, und diese Art und Weise der Ausbeutung hängt von einem Prinzip der Grausamkeit ab, das im zunehmenden Verlust der Empathie der Subjekte besteht. Wie ich an anderer Stelle dargelegt habe,[2] hängt das Kapital heute davon ab, dass wir uns an das Spektakel der Grausamkeit in einem sehr präzis bestimmten Sinne gewöhnen können: Dass wir die Enteignung des Lebens, diesen Raubzug, naturalisieren, bedeutet, dass wir keine Rezeptoren mehr für den kommunikativen Akt desjenigen haben, der im Prozess der Konsumtion gefangen ist. Dieses Entziehen des lebendigen Atems wird als pure Formalität betrachtet, die keinen Schmerz verursacht, die nicht mitteil-

* *Pacha* bedeutet auf Aymara und Quechua Erde, Kosmos, Universum, Zeit, Raum, *Mama* Mutter. Die Mutter Erde ist zentral für die andine Kosmovision.

bar ist, ein mechanischer Akt wie jeder Konsum. Deshalb können wir sagen, dass die psychopathische Persönlichkeitsstruktur – nicht auf andere bezogen sein, defizitär im Hinblick auf Emotionen und Gefühle sein – aufgrund ihrer Funktionalität für die aktuelle Phase des historischen Projekts des Kapitals die typische Persönlichkeit unserer Epoche ist: die von jeglichem Inhalt entleerte Beziehung zwischen Personen, verwandelt in eine Beziehung zwischen Funktionen, Zweckmäßigkeiten und Interessen.

Es ist sehr schwierig, adäquate Worte für das zu finden, was Nichts ist, das blanke Nichts, das nach dem Konsum bleibt, und der Anachronismus, in den sich das Leben in den Zentren der Moderne verwandelt hat. Merken wir etwa nicht, dass alle technologischen Neuerungen ihren Verfallsprozess bereits in jenem Moment beginnen, in dem sie ausgerufen werden? Und ist das nicht etwa eine Atmosphäre des Todes, einer beschleunigten Dekadenz?

Natürlich spielen die Geschlechterbeziehungen und das Patriarchat als prototypische Szene unserer Zeit eine bedeutende Rolle. Die Männlichkeit ist der Grausamkeit eher zugeneigt, weil die Sozialisation und das Training für das Leben des Subjekts, das das Päckchen der Männlichkeit zu tragen haben wird, es zwingt, in einer Perspektive der longue durée signifikante Affinitäten auszubilden: zwischen Männlichkeit und Krieg, zwischen Männlichkeit und Grausamkeit, zwischen Männlichkeit und Entfremdung, zwischen Männlichkeit und geringer Empathie. Wir Frauen werden in die Rolle des Objekts gedrängt, das verfügbar ist und auch wieder weggeworfen werden kann, denn der korporative Verbund der Männlichkeit führt die Männer zu einem bedingungslosen Gehorsam gegenüber – auch unterdrückenden – ihresgleichen. In den Frauen findet dieser korporative Verbund seine Opfer, um exemplarisch seinen Befehlsketten und seinen Enteignungen Raum zu geben.

Deshalb ist es sehr wichtig, die Frage der Geschlechter nicht zu ghettoisieren, sie nicht isoliert zu betrachten. Das heißt, sie nie vom weiteren Kontext losgelöst zu betrachten, sie nicht ausschließlich als eine Frage der Beziehung zwischen Männern und Frauen zu sehen, sondern als den Modus, in dem diese Beziehungen im Rahmen ihrer historischen Bedingungen entstehen. Geschlechterspezifische Gewalt nicht zu ghettoisieren, bedeutet auch, dass sich ihr enigmatischer Charakter auflöst: Die Gewalt hört auf, ein Rätsel zu sein, wenn sie aus der Aktualität
der Welt, in der wir leben, heraus beleuchtet wird.

In der gesamten Kolonialgeschichte unseres Kontinents fühlen sich der kleinbäuerlich-indigene* Mensch ebenso wie der städtische prekarisierte Massenarbeiter entmannt, und zwar als Effekt ihrer Unterordnung, erstens unter die Regel des *Weißen*, und zweitens unter jene ihres Herrn, einem *weißen* oder *weißgemachten*** Herrn aus unseren Gefilden. Beide befreien sich von dieser Entmannung, dieser Verletzung ihrer sozialen und beruflichen Verfassung, die mit den Anforderungen an ihr soziales Geschlecht nicht vereinbar ist, mithilfe von Gewalt. Angesichts des Vormarsches der Strategie der Verdinglichung, wie wir die Pädagogik der Grausamkeit auch nennen können, verwandelt sich der indigene Mann in den Kolonisator im eigenen Haus und der Mann der städtischen Arbeitermassen in den Herrn im eigenen Haus. Mit anderen Worten, der Mann des kleinbäuerlich-indigenen Haushalts verwandelt sich in seinen eigenen vier Wänden in den Stellvertreter der kolonisierenden

* Zu den Begriffen indigen und *indio* s. Glossar.

** Im Orig.: *blanquear*; vgl. hierzu und zur Kursivierung Glossar.

und plündernden Gewalt, und der Mann der städtischen Arbeitermassen und prekär Beschäftigten verwandelt sich in den eigenen vier Wänden in den Agenten des Produktivitäts- und Konkurrenzdrucks der Wegwerfgesellschaft.

Mit der Ausbreitung mafiöser Kontrollstrukturen in der Wirtschaft, der Politik und in weiten Teilen der Gesellschaft kommen in Lateinamerika neue Kriegsszenarien hinzu. Die gewaltsame Herrschaft von Clans, kriminellen Jugendbanden, Auftragsmördern und allen möglichen bewaffneten Korporationen, die auf einer Ebene der Kontrolle des Lebens agieren, die ich para-staatlich genannt habe, weitet sich auf die Ebene der häuslichen Geschlechterbeziehungen aus und bringt so die gewalttätige Ordnung der Umgebung in die Häuser selbst. Es ist heute unmöglich, das Problem der geschlechterspezifischen Gewalt und der zunehmenden Tötungen von Frauen so zu verhandeln, als wäre es vom Leben da draußen losgelöst, sozusagen unter Aufhebung aller Normen, die den Menschen innerhalb einer gemeinsamen Ordnung Vorhersehbarkeit und Schutz bieten.

Wenn wir über die Pädagogik der Grausamkeit sprechen, dürfen wir die Massenmedien nicht unerwähnt lassen, mit ihrer Lektion in Sachen des Raubs, der Verhöhnung und des Angriffs auf die Würde des weiblichen Körpers. Es gibt einen engen Zusammenhang, eine Art gemeinsame Identität zwischen dem Subjekt, das eine Frau schlägt und tötet, und dem Fernsehbild. Zu dem angerichteten Schaden gehört auch die Viktimisierung der Frauen in der Gewalt der Täter im medialen Spektakel am Vorabend oder des Sonntags nach dem Gottesdienst. Die Medien schulden uns eine Erklärung dafür, warum es unmöglich sein soll, die Frauen aus dieser Position einer Geopferten zu befreien, als die sie in der eigenen Wohnung, auf der Straße und in jedem Wohnzimmer dargestellt werden. Denn dort wird jeder einzelne dieser Femizide bis zum Erbrechen in seinen morbiden Details reproduziert, und zwar aufgrund einer journalistischen Agenda, die längst unerträglich und durch nichts zu verteidigen ist.

Ausgehend von dem bisher Gesagten: Wie konzipiert und entwirft man also ›Pädagogiken wider die Grausamkeit‹, die imstande sind, Sensibilität und Verbundenheit zurückzugewinnen, die sich den Zwängen der Zeit widersetzen und die vor allem alternative Wege aufzeigen? Ich verbinde vier thematische Bereiche mit der Möglichkeit, solche ›Gegen-Pädagogiken‹ in der Welt zu etablieren. Ich werde sie hier nur kurz und knapp benennen, allem voran als eine Art Aufruf zu gemeinsamen Anstrengungen und weiteren Diskussionen. Die folgenden Vorträge werden dann Wege skizzieren, die deutlicher machen, was ich meine.

Erstens: Die Pädagogik wider die Grausamkeit wird eine Pädagogik der Gegen-Macht sein müssen und somit auch eine Pädagogik gegen das Patriarchat, weil sie sich gegen die charakteristischen Elemente der patriarchalen Ordnung wendet: Mandat der Männlichkeit, männlicher Korporativismus, geringe Empathie, Grausamkeit, Unsensibilität, Bürokratismus, Entfremdung, Technokratie, Formalität, Universalität, Entwurzelung, Desensibilisierung, begrenzte Bindungen und Beziehungen. Das Patriarchat ist, wie ich andernorts dargelegt habe, die erste Pädagogik der Macht und der Enteignung, sowohl hinsichtlich der geschichtlichen als auch der individuellen Entwicklung: Es ist die erste Lektion in Hierarchie, auch wenn die Struktur dieser Hierarchie sich in der Geschichte gewandelt hat.[3]

Zweitens: Die historische Erfahrung der Frauen kann als Beispiel für eine andere Art des kollektiven Denkens und Handelns dienen. Eine weiblich kodierte Politizität besteht – und zwar nicht an sich qua Essenz, sondern aufgrund der gesammelten historischen Erfahrung[4] – vor allem in einer Politik der raumzeitlichen und sozial kommunitären* Verwurzelung. Eine solche Politik ist nicht utopisch, sondern hat einen konkreten Ort. Sie ist pragmatisch und orientiert sich an den unvorhersehbaren Ereignissen und nicht an Prinzipien einer Moral. Sie ist nahe am Geschehen und unbürokratisch, eher dem Prozess als dem Produkt zugewandt. Und vor allem sucht sie Probleme zu lösen und das alltägliche Leben zu schützen.

Drittens: Wir Frauen haben unser eigenes Leiden erkannt und sprechen darüber. Die Männer waren dazu nicht in der Lage. Einer der Schlüssel zur Veränderung wird es sein, gemeinsam darüber zu sprechen, wie die Männer durch das Mandat der Männlichkeit und durch die unheilvolle korporative Struktur der männlichen Zunft zu Opfern werden. Es gibt geschlechterspezifische Gewalt innerhalb der Geschlechter, und das erste Opfer des Mandats der Männlichkeit sind die Männer selbst: verpflichtet, sich ab dem Moment, in dem sie gesellschaftlich agieren, dem korporativen Pakt zu beugen und seinen Regeln und Hierarchien zu gehorchen. Es ist die Familie, die sie darauf vorbereitet. Die Initiation zur Männlichkeit ist ein sehr brutaler Übergang. Diese Gewalt wird später in die Welt zurückfließen. Viele Männer verweigern sich heute dem korporativen Pakt und zeichnen damit einen Weg vor, der die Gesellschaft verändern wird. Sie machen es vor allem für sich. Nicht für uns Frauen. Und genau so muss es sein.

Viertens: Schematisch betrachtet, kann man sagen, dass auf dem Planeten zwei historische Projekte gleichzeitig existie-

* Im Orig.: *comunitario*; zum Begriffsfeld *comunidad, comunitario* s. Glossar.

ren, die an verschiedenen Konzepten von Wohlbefinden und Glück orientiert sind: das ›historische Projekt der Dinge‹ und das ›historische Projekt der Bindungen‹. Sie widmen sich unterschiedlichen Zielen der Zufriedenheit, befinden sich in einem Spannungsverhältnis und sind letztlich inkompatibel. Das historische Projekt, das sich auf die Dinge als Ziel der Zufriedenheit konzentriert, ist funktional für das Kapital und produziert Individuen, die selbst wiederum zu Waren verdinglicht werden. Das historische Projekt der Bindungen zielt auf eine Reziprozität, die Gemeinschaft herstellt. Obwohl wir zwangsläufig auf amphibische Art und Weise leben, also mit einem Bein in jeder dieser Welten, verändert eine Pädagogik wider die Grausamkeit das Bewusstsein im Hinblick darauf, dass nur eine Welt der Bindungen und der Gemeinschaftlichkeit einer Verdinglichung des Lebens Grenzen setzt.

Brasília, 13. Februar 2018

Anmerkungen

1 Siehe das Gespräch mit Verónica Gago: *La pedagogía de la crueldad.* In: »Página/12«, Buenos Aires, 29. Mai 2015.

2 Segato, Rita Laura: La Guerra contra las Mujeres. Madrid: Traficantes de Sueños 2016, S. 91–107.

3 Siehe Segato, Rita Laura: Las Estructuras Elementales de la Violencia. Buenos Aires: Prometeo 2003; dies.: La Crítica de la Colonialidad en Ocho Ensayos: y una Antropología por Demanda. Buenos Aires: Prometeo 2015.

4 Segato, Rita Laura: *A Manifesto in Four Themes.* In: »Critical Times. Interventions in Global Critical Theory« (2018)I(1), S. 198–211.

Erster Vortrag

Im Gespräch denken

Guten Tag zusammen, vielen Dank fürs Kommen! Ich hoffe, wir werden hier im Gespräch einen Gedanken entwickeln – das ist die beste Art und Weise zu denken, weil Denken nichts anderes ist, als Antworten zu finden. Nach vielen Jahren der Erfahrung als Lehrende und Teilnehmerin an Konferenzen habe ich begriffen, dass die anwesenden Körper ›miteinander sprechen‹ und ein Vortrag in Wahrheit niemals ein Monolog in dem engen Sinne ist, dass der Vortragende ganz alleine spricht, also ein einsamer Verkünder ist. Auch das anwesende Publikum, mit seinen Gesten, Blicken und Körperlichkeiten, spricht, und dies manifestiert sich im Diskurs des Redners, wenn er denn den Mut hat, die vorbereiteten Unterlagen Unterlagen sein zu lassen, und sich in diese subtile Interaktion hineintreiben lässt, die die Situation des Redners mit seinem Publikum darstellt. In diesem Sinne gibt es eine performative Dimension und deswegen kommt auch etwas vor, das man als »stage fright«, also »Lampenfieber«, kennt, das psychische Leiden, das sich an der Grenze zwischen einem normalen und einem »aufgeregten« oder »veränderten« Bewusstseinszustand einstellt, den ich als »Zustand des Sprechens« bezeichnet habe. Maurice Blanchot beschreibt dies in seinem großartigen Buch *Der literarische Raum* (1955) auch als eine Schwelle, die man in der Grenzerfahrung des Todes des alltäglichen Subjekts und seiner Wiedergeburt in Form des literarischen Subjekts angesichts eines weißen Blatts Papier überschreitet – in meinen Worten: ein »Zustand des Schreibens«.

Das Ganze kann man auch als Variation der Dialogkonzeption von Michail Bachtin betrachten, wenn es auch weniger rational und, ja, etwas esoterischer als diese ist.

Das bachtinsche Konzept, weit entfernt davon, sich auf eine Dialogbeziehung zwischen miteinander sprechenden Subjekten auszurichten – so wird es häufig missverstanden –, bringt eine andere Realität hervor als jene, die dem Akt des Miteinander-Sprechens zugrunde liegt: Bachtin hebt hervor, dass in dem Moment, in dem jemand spricht, in seiner Aussage die Figur des Angesprochenen mit ihren Projekten und Interessen eingeschrieben ist; man könnte sagen, wie das Negativ einer Photographie: In dem, was der Sprecher sagt, kann man lesen, wem er es sagt und dieses »wem« gibt es immer. Es handelt sich in Wahrheit um zwei Stimmen, die sich überlappen und sich hören, ein Duett: diejenige des Sprechers und diejenige des Angesprochenen, dies ist letztlich die Bedeutung der bachtinschen Dialogik. Im Fall eines Professors oder eines Konferenzteilnehmers, bei denen wir annehmen, dass sie vor einem schweigenden Publikum stehen, erlaubt diese gemeinsame Anwesenheit das plötzliche Eindringen – unerwartet und nicht von vornherein geplant – eines unterschwelligen Gesprächs, eines unterschwelligen Flusses, der uns alle erfasst und auf diesem unterirdischen Grund der Realität miteinander sprechen lässt. Eine Polyphonie, die von meiner Stimme aufgezeichnet wird.

Lassen Sie mich also nun Mäandern bis ich den Pfad finde, wie das Wasser eines Sturzbachs in der Schlucht

Ich nehme an, Sie sind hergekommen, um etwas über meine Arbeiten zu Gewalt und Gender zu hören – so ist es zumindest häufig in der letzten Zeit. Doch ich möchte klarstellen, dass ich dieses Thema nie isoliert betrachtet habe, und dass es auch nicht das einzige Thema ist, dem ich mich gewidmet habe. Im Zentrum meiner Überlegungen stehen auch die Frage der *Raza*[*] und die andauernde Kolonialität der Macht und des Wissens, der Eurozentrismus als eine Form der intellektuellen Herrschaft, die unsere Werteskala und unsere Art der Lehre in Schulen und Universitäten zersetzt.[1]

In diesem Sinn ist nicht nur der Inhalt, sondern auch und gerade die Art und Weise der Äußerung eines Wissens von zentraler Bedeutung. Es ist unerlässlich, sich immer wieder zu fragen, wie man das, was man verstanden hat, besser darstellen kann. Und ich bin überzeugt davon, dass wir Frauen es uns häufiger als Männer gestattet haben, das Denken mit dem Leben zu verweben. Ich bin keine Essenzialistin, aber ich glaube, dass die Geschichte der Frauen und die Geschichte der Männer, obschon miteinander verwoben und eine einzige Welt konstituierend, zwei verschiedene Geschichten sind und dass die Art und Weise, in der wir Frauen denken, vielleicht weniger bürokratisch, weniger verwaltungsmäßig ist. Die Geschichte der Bürokratie ist nicht die Geschichte der Frauen, nicht die Geschichte der weiblichen Themen, sondern es ist die Geschichte des Patriarchats. Folglich ist auch die Geschichte des Staates nicht unsere Geschichte. Die Geschichte des Staates ist die Geschichte des Patriarchats und die DNA des Staates ist patriarchal.

Wir könnten also hier und jetzt diese Fragen in Abhängigkeit von den Einwürfen, die aus dem Publikum kommen, verhandeln. Ich möchte mich auf die Erwartungen des Publi-

* *Raza*, dt. Rasse; zum Konzept und der Beibehaltung des spanischen Originals s. Glossar.

kums hier, das ich nicht kenne, einlassen, aber ich möchte es auch dafür gewinnen, den Blick auf uns betreffende Formen der Diskriminierung und Ausgrenzung zu weiten. Zum einen habe ich mich mit dem Thema der rassialen Diskriminierung, mit den unausgesprochenen aber sehr präsenten Hierarchien in unseren Ländern Lateinamerikas beschäftigt. Ich habe das in Form eines Vergleichs getan, den ich schon 1999 in einem Text als die »Matrix des Andersseins« von drei Ländern bezeichnet habe, nämlich den Vereinigten Staaten, Brasilien und Argentinien.[2] Verglichen habe ich die Art und Weise, in der diese Länder des Kontinents mit dem gleichen Wortschatz über ihre Unterschiede sprechen: *weiß*, *schwarz*, *mestizisch*, *criollo*,* indigen, weltstädtisch, provinzlerisch, hauptstädtisch, aus dem Landesinneren stammend. Und obwohl es ein gemeinsamer Wortschatz ist, der zunächst auf ähnliche Entitäten zu verweisen scheint, bildet er unterschiedliche nationale Grammatiken aus, und zwar als Resultat der Geschichte, die den Aufbau jeder Nation des Kontinents konfiguriert. Mit anderen Worten: In jedem Land ist die Bedeutung oder der Bezugspunkt von jedem einzelnen dieser Begriffe als Ergebnis einer Nationalgeschichte charakteristisch und eigenständig, ebenso die Art und Weise, in der sie angeordnet sind, die sie trennenden Grenzen und die Hierarchien, die sie abbilden, und auch die Art, in der sie sich überschneiden. Zum anderen habe ich über Geschlechterfragen geforscht und es ist mir interessanterweise erst

* Span.: *mestizo*; bezeichnet die rassistische Vorstellung der ›Vermischung‹ zwischen indigenen und europäischstämmigen Bevölkerungen seit der Kolonialisierung. Es handelt sich um eine Zuschreibung entlang des Konstrukts von *Raza* und wird daher kursiviert. Dazu sowie zu *schwarz*, *weiß* und *criollo* s. Glossar.

vor kurzem gelungen, diese beiden Wege auf eine mich überzeugende Art und Weise zu verschränken: Also die nationale republikanische Ordnung und ihre Formen der Diskriminierung und Ausgrenzung einerseits mit dem Thema der patriarchalen Unterwerfung und den Verbrechen gegen Frauen und all jene, die der patriarchalen Ordnung die Stirn bieten andererseits. Ich bin überzeugt, dass sowohl die Femizide als auch die homophoben Gewalttaten, die Ermordungen von Travestis* und Transmenschen allesamt Verbrechen des gleichen Typs sind, nämlich Verbrechen des Patriarchats gegen alles, was seine Ordnung, seine patriarchale Hierarchie herausfordert. Es war für mich nicht leicht, zu einer Hermeneutik der Verschränkungen zu gelangen, die in das mündet, was wir heute als »Intersektionalitäten« bezeichnen, denn ohne die genaue Kenntnis des historischen Weges, auf dem diese entstehen, ist der Intersektionalitätsdiskurs für mich immer unbefriedigend, mechanistisch und tendenziell inhaltslos geblieben.

Der Schlüssel zum Verständnis dieser Relation oder Verschränkung ist die Perspektive der dekolonialen Kritik: eine Perspektive, in der ich Aníbal Quijano folge, der sie meines Erachtens am kohärentesten formuliert hat. Es gibt viele Autoren, die über *Raza*, Rassismus, Kolonie und Kolonisierung gesprochen haben. In Argentinien war der Jurist Raúl Zaffaroni einer der ersten, der über einen im Rechtssystem zementierten Rassismus gesprochen hat, als er in seinem Buch *En busca de las penas perdidas* (1998) die Realität in den Gefängnissen mit dem Begriff »Neokolonialität« beschrieb. Er bezieht

* In Argentinien nutzen Aktivist:innen der Transbewegung seit den 1990er Jahren den ursprünglich pejorativen Begriff *travesti* als Selbstbezeichnung, zumeist für vielfältige Trans-Weiblichkeiten.

sich dabei auf den neokolonialen und konzentrationslagerartigen Charakter der Gefängnisse. Die aus der Karibik stammenden Frantz Fanon und Aimé Césaire sind ebenfalls grundlegende Referenzen, um die Beziehung zwischen Kolonialismus und Rassismus zu verstehen. Doch ich glaube, dass es Quijano ist, der in seiner analytischen Erzählweise alle Komponenten der kolonialen Konstellation besonders kohärent darstellt und zeigt, wie sie um den Begriff der *Raza* kreisen. Es fällt ihm – wie er selbst öffentlich zugegeben hat – schwer, seine Perspektive mit der Genderthematik zu verbinden und sie im Dialog mit dem feministischen Denken zu verorten. Trotzdem hat er sich auf Denkerinnen wie María Lugones und die gerade zu Ihnen Sprechende bezogen, damit die dekoloniale Kritik vom feministischen Denken profitiert und umgekehrt. Das hat auch damit zu tun, dass die Geschlechterfrage eine der komplexesten Aufgaben ist, und sie historisch zu denken, sie zu historisieren, macht sie noch komplexer.

Die Verschränkung zwischen dem dekolonialen Denken und einer Kritik des Patriarchats ist der wahrscheinlich originellste und komplizierteste unter den Ansätzen des zeitgenössischen Feminismus. In dieser Perspektive verorte ich mich und aus ihr heraus werde ich hier zu Ihnen sprechen. Also: Die Perspektive der Kolonialität ermöglicht das Verständnis der Geschlechterbeziehungen in ihrem Bedeutungsgefüge, und das ist die Kolonialgeschichte. Herausragend auf diesem Gebiet ist die argentinische Philosophin María Lugones, die an der Universität Binghamton im Staat New York lehrt. Wir sind befreundet und stimmen inhaltlich trotz eines ähnlichen Ansatzes doch nicht vollends überein. Aber wir sind uns teilweise einig. Ich glaube, dass sich unsere Differenzen, auf die ich später noch eingehen werde, mit unseren unterschiedlichen disziplinären Praktiken erklären lassen. Und in meinem Fall, also dem der Anthropologin, führt mich das ethnographische Material in eine Richtung, die sich mit der zentralen Annahme der Arbeiten von Lugones nicht verträgt.[3]

Geschlecht-Genus-Gender:* Eine Anthropologin auf der Suche nach einer Bezeichnung

Wenn ich schon über meine Arbeit als Anthropologin und meine Erfahrungen als Ethnographin spreche, die mich in eben jene von Lugones abweichende Richtung geführt haben, dann würde ich gern einen kurzen Blick zurück werfen, und zwar darauf, wie ich zu Beginn einen bestimmten Pfad eingeschlagen habe, der mich bis hin zu meinen heutigen Positionen geführt hat. Das Thema meiner Doktorarbeit, die ich 1984 verteidigt habe, war eine afrobrasilianische Religionsgemeinschaft, eine Religion der Orishas. Bei ihnen in Recife im Nordosten Brasiliens habe ich bei drei, jeweils mehrere Monate langen Aufenthalten zwischen 1976 und 1980 Feldstudien durchgeführt. Die Gesamtheit des Wissens und der Normen dieser Gemeinschaft afrikanischen Kults habe ich als »afroamerikanischen Kodex«, einen afrikanischer Kodex in Amerika, bezeichnet, und zwar aufgrund der großen Stabilität und Kohärenz hinsichtlich verschiedener Aspekte ihres Diskurses über das Leben. Zu Beginn lag mein Fokus auf dem Studium der Nutzung des religiösen

* Im Orig.: *género*, das im Spanischen auch den Genus, also das grammatische Geschlecht, bezeichnet. Segato benutzt, obschon auch im Spanischen *gender* mittlerweile gebräuchlich ist, durchgängig *género* in Opposition zu *sexo*, dem biologischen Geschlecht. Die Übersetzung variiert je nach Akzentsetzung zwischen Geschlecht, sozialem Geschlecht und Gender.

Raumes seitens der Gläubigen als eigene Entwicklungstheorie, also einem ethno-psychologischen Ansatz.

Ich verstand, dass eine komplexe mythische Erzählung für jede Gottheit eine Art Profil skizzierte und über dessen Zuschreibung an die Eingeweihten ermöglichte, das Who's who der Präsenzen in einem sehr chaotischen sozialen Gefüge zu erkennen, das keine sozialen Institutionen besaß, die Routinen und Verbindungen strukturieren, wie Familie, Arbeit, Schule, Wohnung oder Nachbarschaft. Recife ist ein wichtiger Ort als Anziehungspunkt interner Migration und als Durchgangsstation vieler Menschen, und dieser afrobrasilianische religiöse Kodex bietet eine Rationalität, die es erlaubt, das schwer zu ordnende Milieu zu organisieren und ihm so eine Stabilität zu verleihen.

Ich habe mich dort auch mit den Frauen unterhalten und bin auf Literatur über die männliche Sexualität in dieser Religion gestoßen, die es bereits seit den 1940er Jahren gibt, so auch auf verschiedene Autoren, die sich auf die Homosexualität von Männern bezogen, die diese afrobrasilianische Religion praktizierten.[4] Doch es war so gut wie nichts über die Sexualität der Frauen geschrieben worden. Was ich bei meiner Untersuchung vorgefunden habe, war eine Gemeinschaft, in der das Geschlecht in völlig anderer Art und Weise organisiert war als in der westlichen Welt üblich. Eine Art und Weise, die meiner eigenen damals noch sehr argentinischen und konservativen Vorstellung von »Normalität« und Abweichung fremd war.[5] Allerdings hat sich Argentinien seither, das muss man heute sagen, mit Blick auf diese nationale Phobie vor der Abweichung, vor dem »Anderen« – oder der »ethnischen Phobie«, wie ich es einmal genannt habe –, sehr verändert.

Es stellte sich schließlich heraus, dass Männlichkeit und Weiblichkeit in diesem Kodex etwas ganz anderes bedeuteten als das patriarchal-hegemoniale Muster und die Menschen dort eine Welt von Affekten, Begehren und Rollen gestalteten, die mit Blick auf die normativen Regeln um sie herum und außerhalb der Kultgemeinschaft ganz anders und heterodox waren. Dort, so habe ich es zuerst 1984 in meiner Doktorarbeit und dann 1986 in *Inventando a Natureza* beschrieben, treten die soziale, die rituelle und die politische Rolle, die Persönlichkeit als Ganzes und die sexuelle Orientierung in voneinander losgelösten und auf vielfältige Weise kombinierbaren Schichten in Erscheinung, also in einem deutlichen Kontrast zu der Art und Weise, in der sie in unserer kolonial-modernen-okzidentalisierten Geschlechterordnung festzementiert sind.[6] In dieser religiösen afrobrasilianischen Gemeinschaft gab es keinen derartigen Zement, genauso wenig wie es einen biologischen Determinismus oder einen Essenzialismus der Sexualität und der Persönlichkeit gab. All diese Komponenten von »Geschlecht« waren – und sind weiterhin – vorhanden, aber eben als bewegliche Schichten, welche die Person zusammensetzen wie ein auf verschiedene Weise lösbares Puzzle, in dem Männlichkeit und Weiblichkeit die beiden Pole eines ›Kontinuums‹ konstituieren, zwischen denen die Möglichkeit vielfältiger Übergänge besteht. Innerhalb dieser Grenzen bzw. äußersten Referenzpunkte der männlich-weiblichen Polarität, was in Wahrheit allerdings unsere Art ist, zu denken, existieren nur graduelle Unterschiede, Schwellen. Mein persönlicher Weg zum Verständnis von Geschlecht resultiert aus dem, was ich dort gelernt habe, und er hat, wie ich gern sage, einen glücklichen Anfang. In welchem Sinne? Ich würde sagen, in dem Sinne, dass meine Haltung demokratischer geworden ist, dass es mein Verständnis davon, was es bedeutet, eine Frau zu sein, was es bedeutet, ein Mann zu sein, und was Sexualität ist, befreit hat. Ich bin dort auf ein

System gestoßen, dass frei und unendlich viel raffinierter, komplexer und libertärer ist als das westliche, und zwar selbst dann, wenn man in diesen Begriff von »westlich« die Modernität der Menschenrechte einschließt.

Es ist kurios, und daran habe ich mich erst kürzlich wieder erinnert, aber als ich auf dieses Feld gestoßen bin, in dem das, was ich »Transitivität der Geschlechter« genannt habe, die Norm war, konnte ich auf keinerlei Begriff zurückgreifen, um zu beschreiben, was ich dort beobachtet hatte. Man muss sich an dieser Stelle in Erinnerung rufen, dass der Begriff des »sozialen Geschlechts«, die Idee einer »Geschlechter-Anthropologie« oder der »Gender Studies« im akademischen Wortschatz der siebziger Jahre nicht existierten. Man hatte allenfalls über die Relativität von »Geschlechterrollen«, mit Margaret Mead über »Sexo y Temperamento«* gesprochen und begann, die »Frau« zu studieren, aber das Konzept eines sozialen Geschlechts hatte sich weder in der anthropologischen Analyse noch in der feministischen Kritik der Psychoanalyse schon etabliert. Dieser Prozess nahm gerade seinen Anfang. Obwohl *Das andere Geschlecht* von Simone de Beauvoir bereits veröffentlicht war, begann die Theoretisierung und Denaturalisierung dessen, was Frau-Sein bedeutet, erst, und ich war bislang noch auf keine Untersuchung gestoßen, die sich mit diesen Themen beschäftigt hätte. Erst viel später, sogar nach meiner Veröffentlichung von *La invención de la Naturaleza*, hat Judith Butler im Jahr 1990 ihre bahnbrechende Studie *Das Unbehagen der Geschlechter* vorgelegt. Daher hatte ich in der zweiten Hälfte der siebziger Jahre

* Orig.: Sex and Temperament in Three Primitive Societies (1935), dt.: Jugend und Sexualität in primitiven Gesellschaften. Eschborn: Klotz 2002[2].

keinerlei Instrumentarium zur Hand, um das zu benennen und verhandeln, was ich bei meinen ethnographischen Studien beobachtet hatte. Als Anthropologin fragte ich mich: Wie nenne ich das? Mit welchen Kategorien, mit welchen Worten kann ich beschreiben, was ich erlebe? – nämlich die Tatsache, dass die Menschen zufällige Verbindungen knüpfen: zwischen sexueller Orientierung, einer Persönlichkeit, die durch die Partnerschaft zwischen einer »Orisha des Kopfes« und einer unterstützenden oder »beigeordneten« Orisha identifiziert wird, einem biologischen Organismus, der lediglich für die Aufteilung der

rituellen Arbeit eine Rolle spielt, und einer soziale Rolle, die es der Frau oder dem Mann in ihren vielfältigen Varianten erlaubt, die politische Führung einer Gemeinschaft auszuüben. Ich fragte mich also: Wo, in welcher Struktur, spricht man von Geschlecht als einer arbiträren Kodierung, also als einer Position in einem System von Beziehungen? Und dann fiel mir die Grammatik ein, mit ihren männlichen und weiblichen Substantiven, mit ihren männlichen und weiblichen Artikeln, wo Maskulinum und Femininum nach arbiträren Regeln zugewiesen werden. Da ich also als Bezugspunkt die Grammatik hatte und keinerlei Untersuchung, die sich mit dem Phänomen beschäftigt hätte, habe ich mir vorgenommen, von »Geschlecht« als etwas zu sprechen, dass nicht in der Biologie determiniert ist, sondern in einer Struktur arbiträrer Zuweisungen von Positionen innerhalb eines relationalen Feldes. Ich sagte mir: In dieser Gesellschaft hat das Geschlecht überhaupt nichts mit dem anatomischen Geschlecht zu tun, das Geschlecht ist nicht irgendwo verankert, aber es wird benannt, denn die Orishas der Religion sind männlich und weiblich, obschon einige von ihnen in den mythologischen Erzählungen auf verschiedene Arten und Weisen zwischen Männlichkeit und Weiblichkeit hin und her wechselten, oder ›Liaisons‹ hatten, die wir in unserem Denken als »homosexuell« bezeichnen würden.

Deshalb betone ich, dass ich im Feld entdeckt habe, was ich als die »Erfindung der Natur« bezeichnet habe, oder was Judith Butler als den performativ erzeugten Charakter von Geschlechterpositionen beschrieben hat. Ausgehend von dieser ersten Erfahrung, die auch eine Art Initiation war, scheinen mir bei meiner Rückkehr nach Europa, wo ich beginne, Material zu sortieren und meine Doktorarbeit zu schreiben, die theoretischen Fortschritte – wie zum Beispiel die feministische Kritik der Psychoanalyse, die feministische Philosophie oder die feministische Kritik an der Anthropologie –, bereits vertraut und leicht nachvollziehbar, da mich die Feldstudien eine solche dekonstruktive Kritik gelehrt hatten, angefangen bei den Vorschriften des afrobrasilianischen Kodex. Die zeitgenössischen Thesen der poststrukturalistischen und dekonstruktivistischen Autorinnen kamen mit dem zusammen, was im Feld bereits angelegt war: die Komplexität und Vielfalt, welche die Konstruktion von Geschlecht annehmen kann.

Zudem gab es in der feministischen Literatur der damaligen Zeit einen großen Irrtum, und den gibt es übrigens auch noch in vielem, was heute produziert wird: Man musste den Frauen, mit denen ich bei diesen Feldstudien zusammengelebt habe, nichts beibringen. Es war sehr schwierig, mich durch diesen Diskurs hindurchzuarbeiten, sehr schwierig, die Idee des »Fortschritts«, die sich das Denken der entwickelten Moderne selbst zuschreibt, mit einem Fragezeichen zu versehen, und sehr schwierig, die Leistungen dieser Moderne infrage zu stellen. Und das Ganze war noch schwieriger, weil diese Moderne sich teuer verkauft hat und zu einem hohen Preis eingekauft worden ist. Und zwar insofern, als der Feminismus von den Straßen verschwand und sich als theoretische Nische zur Konstruktion von akademischen Karrieren – so auch meiner eigenen – etablierte oder sein Wissen auf dem Arbeitsmarkt den Nichtregierungsorganisationen und etlichen staatlichen Stellen zur Verfügung stellte. Für diesen aufstrebenden, in Forschung, Lehre und der Verwaltung bereits etablierten und gut vergüteten Feminismus, war es extrem schwierig zu verstehen und zu akzeptieren, dass Gemeinden, die nicht den kolonial-modernen Maximen folgten, also als potenzielle Klientel für sein Wissen galten, überhaupt nicht in der Position waren, etwas lernen zu

müssen, sondern im Gegenteil selbst etwas hätten lehren können. Und das liegt zum Teil daran, dass das eigene finanzielle Überleben in den Reihen des *weißen* und institutionellen Feminismus stark von seiner »zivilisatorischen Mission« abhing und immer noch abhängt.

Die Kategorie »Geschlecht« und die Fallstricke des Kulturbegriffs

Es führt zu einem Dilemma, wenn man über die Probleme der Frau nachdenkt, aber gleichzeitig von Beginn an mit der Kategorie des »Geschlechts« den Begriff der »Frau« entessenzialisiert und entbiologisiert. Angesichts der Angriffe von links und von rechts ist es wichtig zu begreifen, dass »Geschlecht« nichts weiter als eine analytische Kategorie ist, die vorgibt, darüber Auskunft zu geben, wie herrschende und hegemoniale Vorstellungen die Welt der Sexualität, der Affekte, der sozialen Rollen und der Persönlichkeit ordnen. Am Anfang haben wir dem biologischen Geschlecht – bezogen auf den biologischen Organismus, auf das, was die Biologen »sexuellen Dimorphismus« nennen – das soziale Geschlecht, das dem symbolischen Feld als Relation zwischen Positionen angehört, gegenübergestellt. Doch dann gerät dieses erste Modell an seine Grenzen, weil wir begreifen, dass es die Konstruktion des symbolischen Feldes ist, die die Klassifizierung der Körper vollzieht, indem sie diese in ein dimorphes, binäres Modell zwängt, obschon man auch von einer offenen Vielfalt körperlicher Formen sprechen könnte. Momentan dreht sich die Debatte darum, dass die geistige Landkarte, die das Geschlecht anzubieten hat, binär ist – was wir später sehen werden: binär aufgrund der Struktur der kolonial-modernen Welt, aber dual und nicht binär dort, wo es um Kommunen geht – und möglicherweise so den Versuch ausbremst, die heterosexuelle Matrix zu durchbrechen, und damit die binäre Ausrichtung der Zuschreibungen von sexuellen Orientierungen, Persönlichkeiten, Sensibilitäten, Rollen und vielem anderen mehr zu überwinden. Wie jede analytische Kategorie kartographiert das Wort ›Geschlecht‹ Verhaltensweisen, indem sie ihnen ein Vokabular zuschreibt, und identifiziert Normen, die das soziale Leben ordnen. Genau diesen Kontrast zwischen dem starren Charakter von ›Geschlecht‹ als Bezugspunkt oder Norm und dem unaufhaltsamen Fluss der menschlichen Erfahrung, in der jedes Subjekt affektive, sexuelle, verhaltensbezogene oder soziale Übergänge sehr viel freier erleben kann, obschon diese nicht immer bewusst oder in Sprache fassbar sind, habe ich bereits in *Las Estructuras Elementales* beschrieben.[7] Ich habe von den Menschen der afrobrasilianischen Religionsgemeinschaft gelernt, dass jedem Menschen die Möglichkeit offensteht, hinsichtlich seiner geschlechtlichen Zusammensetzung ein gemischtes Wesen zu sein und in seinem Erleben durch verschiedene Register des Geschlechts zu zirkulieren, auch dann, wenn es sich um Übergänge handelt, für die kein spezielles Vokabular existiert. Jenseits der Komplexität der Debatte, die ich gerade sehr grob umrissen habe, haben wir mit der Zeit begonnen, von »Frauen« zunehmend im Plural zu sprechen, das allerdings, ohne die Perspektive der feministischen Kritik aus den Augen zu verlieren.

So haben wir begriffen, dass es am Blickwinkel des symbolischen Feldes liegt – welches sich immer noch in einem System bewegt, das ich in *Las Estructuras Elementales* als »patriarchale Vorgeschichte der Menschheit« bezeichnet habe –, dass wir uns einerseits das soziale Geschlecht und andererseits unseren eigenen Organismus erschließen. In der patriarchalen Vorgeschichte der Menschheit werden die Umwelt und die Ordnung des Lebens durch die Geschlechterasymmetrie beherrscht. Man könnte auch sagen, dass diese hierarchische Geschlechterordnung »kulturell« ist aufgrund ihres arbiträren Charakters, das heißt, weil sie aus kulturellen Normen hervorgeht. Diese kulturelle Erklärung hat allerdings einige Fallstricke, vor denen wir uns in Acht nehmen müssen, denn sie »normalisiert«, das heißt, sie schmuggelt die Idee ein, dass wir es mit einer verfestigten Situation von »Normalität« oder einer »Seinsweise« zu tun haben, die sich in einer Dimension befindet, die durch kritisches Denken nicht erreichbar ist. Das ist die Auswirkung eines schlecht verstandenen kulturellen Relativismus, wie ich es in meinem Text über indigene Kindestötungen hergeleitet und dargelegt habe.[8] Seit den Überlegungen, die ich für den Argumentationsgang jenes Textes angestellt habe, benutze ich das Wort »Kultur« nur noch selten. Das ist eine politisch motivierte Entscheidung, denn der Begriff der »Kultur« – so sehr er auch einen Aspekt enthält, der für das Projekt der Selbstverteidigung der *Pueblos** nützlich zu sein scheint – ist gewissermaßen auch tückisch, weil er zum Kulturalismus neigt, was letztlich nur ein

* Dt.: Völker; zur Beibehaltung des Originals s. Glossar.

Synonym für Fundamentalismus ist. Es ist wichtig zu begreifen, dass sich alle *Pueblos* und alle Gesellschaften im Fluss der Zeit befinden, und das heißt, in einem konstanten Prozess der Aufgabe, der Erfindung oder der Entlehnung von Sitten und Gebräuchen. Und dieser Prozess entsteht aus einer wohlüberlegten Praxis heraus. Die Annahme, es gebe *Pueblos* mit einer Geschichte einerseits und *Pueblos* mit Sitten und Gebräuchen andererseits, ist eine rassistische Fehlannahme. Alle Gesellschaften und alle *Pueblos* haben Sitten und Gebräuche und genauso haben sie alle eine Geschichte. So ist ein *Pueblo* nicht deshalb ein *Pueblo*, weil man ihm einen unveränderlichen Schatz an Sitten und Gebräuchen zuschreiben kann, sondern weil es sich selbst als aus einer gemeinsamen Geschichte stammend und in einer gemeinsamen Geschichte verhaftet betrachtet, wobei es durchaus in divergierende Fraktionen aufgespalten sein mag. Mit anderen Worten: weil es das historische Projekt teilt, weiterhin als ein *Pueblo* fortzubestehen.[9]

Ich sage das alles, weil die gängige Interpretation ist, dass Geschlecht »Kultur« sei, und zwar in dem Sinne, dass es jene Art und Weise sei, in welcher der biologische Dimorphismus durch die Kultur einer jeden Gesellschaft repräsentiert und geregelt wird. Und diese Idee hat mindestens zwei Grenzen, wenn nicht mehr: Zum einen existieren auf dem Feld von Geschlecht und Sexualität mindestens fünf Universalien, die letztlich die grundlegenden relativistischen Maxime der Anthropologie genauso gefährden wie der Kulturrelativismus die Geschlechterkonstruktion. Wenn ich hier »Universalien« sage, dann behaupte ich damit nicht, dass es sie in allen Gesellschaften gibt, aber schon, dass es insofern eine weltweite Verbreitung gibt, als sie in Kulturen auf allen fünf Kontinenten vorzufinden sind. Sehr grob umrissen sind diese Universalien folgende: Erstens, die Erfahrung der romantischen Liebe, wie sie – zumeist in Form einer verbotenen oder unmöglichen Liebe – in Lyriken aller Zivilisationen auffindbar ist, sogar in Zivilisationen, in denen die Ehe nichts mit einer individuellen Wahl zu tun hat oder in denen es überhaupt kein Individuum im westlichen Sinne gibt. Die Lyrik der romantischen Liebe ist universell, obwohl sich die soziale Funktion des Narrativs der Leidenschaft von einer zur anderen Zivilisation und sogar innerhalb der Geschichte des Okzidents deutlich unterscheidet und obwohl die Funktion der romantischen Liebe als Ideologie – genau im Sinn eines falschen Bewusstseins –, die die eheliche Gemeinschaft begründet und legitimiert, nur in der modernen westlichen Welt existiert.[10] Zweitens, die mythische Formel der ›Vagina Dentata‹, die auf die Gefährlichkeit des Weiblichen anspielt. Drittens, der ›Mythos der Amazonen‹ bzw. des ursprünglichen Matriarchats, dessen Niederlage den Ausgangspunkt für die Geschichte einer Zivilisation bildet. Viertens, die Universalität des Wissens um die Erfahrung der Vergewaltigung, auch in Gesellschaften, in denen die Inzidenz dieser Form von Gewalt gegen null geht. Und fünftens, der Erwerb des männlichen Status als Ergebnis eines Initiationsprozesses. Diese fünf Universalien widersprechen dem anthropologischen Relativismus oder Kulturalismus hinsichtlich des Geschlechts übrigens genauso wie die Annahme einiger dekolonialer Autorinnen von der Nicht-Existenz eines Patriarchats vor dem Prozess der Konquista* und der Kolonisierung der Stammesvölker von Amerika und Afrika.

Der andere problematische Aspekt einer Kulturalisierung des Geschlechts ist das, was ich manchmal »kazikistische Erpres-

* Im Orig.: *Conquista*; bezeichnet den Eroberungs- und Kolonisierungsprozess des amerikanischen Kontinents seit 1492.

sung«* genannt habe: eine Art caudillistische Nötigung, die die Identität eines *Pueblos* an ihre »Sitten und Gebräuche« bindet, unter anderem an die Sitten und Gebräuche hinsichtlich der Geschlechterverhältnisse. Kulturalismus bedeutet hier Fundamentalismus, und zwar insofern er versucht, die Geschichte auszulöschen, den zeitlichen Verlauf der Geschichte von sozialen Praktiken zu negieren und die internen Diskussionen zu leugnen. Deshalb betone ich die Idee, dass ein *Pueblo* nicht durch die Bezugnahme auf ein unveränderliches Repertoire an Sitten und Gebräuchen ein *Pueblo* konstituiert, sondern aufgrund des eigenen Projektes, weiterhin eines zu sein. Der Vektor der Identität ist historisch und nicht kulturell, denn die Kultur, das zentrale Konzept der Anthropologie, gerät in ihren wiederholten Versuchen, die eigene Definition von essenzialistischen und auf Sitten und Gebräuche zielenden Elementen zu befreien, in große Schwierigkeiten, besonders dann, wenn es darum geht, ihre Erkenntnisse in eine breitere Öffentlichkeit zu transportieren.

Vom ethnographischen Glück beim Studium der Geschlechter im Candomblé der siebziger Jahre zur anhaltenden Qual angesichts der Gewalt

Man sieht also, dass ich meine die Geschlechterbeziehungen betreffende Lehre zuerst bei Feldstudien und danach in der Begegnung mit Büchern, die zu dieser Zeit zu zirkulieren begannen, durchlaufen habe. Es war eine glückliche Zeit, denn in der Gemeinschaft, die ich untersucht habe, gab es keine Fälle von Gewalt gegen Frauen. Eher im Gegenteil: In den religiö-

* Als *cacique*, dt.: Kazike, wurden während der Konquista höchstrangige indigene Autoritäten, Vorstände bedeutender Familienverbände und Nachfahren vorspanischer Territorialherrscher bezeichnet.

sen Gemeinschaften besaßen die Frauen große Autorität und ein hohes Maß an Selbstbestimmtheit. Viele von ihnen waren religiöse Oberhäupter mit großem Einfluss und Respekt. Die Position der Frau war in keiner Weise eine nachrangige oder untergeordnete. Man muss allerdings anmerken, dass es diesbezüglich in jüngerer Vergangenheit Veränderungen gegeben hat, und einige Arbeiten sprechen von einem Machtverlust der Priesterinnen zugunsten männlicher religiöser Anführer.[11] Wie andernorts auch: In dem Maße, in dem sich der Staat mit dem »Progressivismus« der PT* durch das Angebot an Dienstleistungen, Mitteln und Rechten ausbreitet und sich somit – in der besten Phase, die wir trotz der vielen begangenen Fehler gehabt haben – der Zugang zu Konsumgütern verbreitert hat, ist auch eine Schwächung der weiblichen Position zu konstatieren. Eine Feststellung, die unseren Gewissheiten widerspricht. Doch es ist offensichtlich, dass in dem Maße, in dem die Institutionalität in das Gemeindeleben eindringt – und das geschieht in der indigenen Welt genauso wie in der Welt der afro-deszendenten** Religionsgemeinschaften – in dem Maße, in dem das Angebot der Institutionen mit ihren Lösungen, die – wie ich häufig sage – eigentlich Mittel der Symptombekämpfung sind, Einzug hält; in dem Maße, in dem die Moderne mit der einen Hand Mittel bereitstellt, um das Leid zu lindern, das sie zuvor mit der anderen Hand angerichtet hat; und in dem Maße, in dem die Institutionen in das kommunitäre Gefüge eingreifen – selbst dann, wenn sie es mit Ange-

* Kurzform für *Partido dos Trabalhadores*, dt.: Arbeiterpartei, in Brasilien. Die progressive Phase begann 2002 mit der Wahl von Luiz Inázio da Silva, genannt Lula.

** Im Orig.: *afro-descendientes*; s. Glossar.

boten von Gesetzgebungen, öffentlicher Politik und Institutionen tun –, führen die sich gleichzeitig etablierenden Prozesse dazu, dass die Männer in jenen Räumen und Aktivitäten, in denen die Frauen zuvor Autonomie und Autorität besaßen, deren Platz einnehmen.[12] Diese Prozesse vollziehen sich auf dem Territorium und bestehen zum Beispiel in der Expansion von Unternehmen sowie einer medialen und missionarischen Expansion mit ihrem Begriff von Sünde und einem anderen Konzept von Sexualität.

Ich habe diesen Prozess der Enteignung und Verdrängung der Frauen nicht nur in der afrobrasilianischen Religionsgemeinschaft beobachtet. Auch in den Kommunen in der Quebrada und in Puna in der argentinischen Provinz Jujuy, wo die Frau die Kontrolle über den Markt in Händen hatte, habe ich über die vergangenen fünfzig Jahre eine massive Verschlechterung der Position der Frauen beobachtet. Genauso in Bolivien, einem Land, das hinsichtlich der Ethnien und Geschlechter zuletzt eine beeindruckende Demokratisierung erlebt hat und in dem Frauen öffentliche Ämter bekleiden, fast 50 Prozent der Abgeordneten im Parlament stellen, Ministerien leiten und in allen staatlichen Behörden zu finden sind. Bolivien ist relativ betrachtet das Land mit den meisten Femiziden der Welt: Der weltweite Mittelwert von Morden an Frauen im Vergleich zur Gesamtzahl der Morde liegt bei 17 Prozent, denn insgesamt betrachtet werden auf der Welt noch viel mehr Männer ermordet als Frauen, außer in Bolivien, wo einer Untersuchung der Bürgerbeauftragten zufolge über 50 Prozent der Morde an Frauen und nicht an Männern begangen werden.[13] Die Aggressivität und die Formen männlicher Dominanz haben zuletzt sehr deutlich zugenommen, und das trotz der offensichtlichen gesellschaftlichen Fortschritte.

Wie gesagt, es handelt sich hierbei um Phänomene, die unsere Gewissheiten infrage stellen, aber wenn wir aufhören darüber nachzudenken, wenn wir unsere eigenen Gewissheiten nicht mehr überprüfen, also nicht in den ›Spiegel der bösen Königin‹ schauen, die uns die Wahrheit sagt, wie schmerzhaft auch immer diese sein mag, dann stellen wir das Denken und Nachforschen ein. Und dann drehen wir uns nur noch im Kreis. Wie können wir aus diesem Kreislauf, in dem es keinen Ausgang gibt, wieder ausbrechen? Nun ja, indem wir uns dem Spiegel stellen und ihn befragen, welche unserer Gewissheiten uns betrügen. Was ist es, das bei all den ergriffenen Maßnahmen fehlgeht? Was ist es, das die Gewalt gegen Frauen so unaufhaltsam macht?

Die Frage, die es zu klären gilt, ist folgende: Warum wird in dem Maße, in dem die ›staatlich-unternehmerisch-medial-christliche Front‹, wie ich die sich immer weiter ausdehnende Frontlinie des kolonial-modernen Staates genannt habe, in die Gemeinschaften eindringt und das Gewebe ihrer auf Gegenseitigkeit basierenden Beziehungen zerreißt, die Gewalt von Männern gegenüber Frauen immer häufiger und warum wächst das Ausmaß der Grausamkeit?

Von der klassischen Ethnographie zu einer ›Anthropologie auf Ansprache‹: Die Begegnung mit der »Gewalt gegen Frauen«

Anfang der neunziger Jahre, damals lehrte ich bereits an der Universität von Brasília, wurde ich gemeinsam mit anderen Kolleginnen aufgefordert, das, was ich als Anthropologin meinen »Werkzeugkasten« nenne, dem ›Amt für Öffentliche Sicherheit‹ der Stadt zur Verfügung zu stellen. Es ging um die Antwort auf eine konkrete Frage. Diese und weitere Anfragen, die über die kommenden Jahre folgen sollten, führten dazu, dass ich den Ausdruck einer ›Anthropologie auf Ansprache‹ benutze. Man bat uns also, die hohe Anzahl an Vergewaltigungen in dieser transparenten, auf dem Reißbrett ersonnenen, künstlichen und sehr gut bewachten Stadt Brasília, die in den sechziger Jahren als modernistischer Sitz der Regierung und internationaler Organisationen gebaut worden war, verstehen zu helfen. In Brasília gab es keine Industrie, also keinerlei Produktion, nur Dienstleistungen, und es ist zwar mit der Zeit an den Rändern gewachsen, aber der Grundriss des Zentrums ist klein, im Grunde ist es ein großes Dorf. Doch der Stadtrat für Sicherheit hatte 1993 bemerkt, dass die Zahl der Beschwerden wegen Vergewaltigungen auf offener Straße überraschend hoch war. Er wandte sich daher an die Universität – und ich glaube, damit war er eine Art Vorreiter, denn damals war es keineswegs die gängige Praxis, dass ein Vertreter der Polizei an der Tür einer Universität klopft, um Fragen zu stellen –, um sich von uns Wissenschaftlerinnen, die wir uns mit Themen rund um Frauen befassten, in der Frage beraten zu lassen, was da vor sich ging und weshalb es scheinbar in Brasília mehr Anzeigen wegen Vergewaltigung gab als in São Paulo, als in Rio de Janeiro oder als in jeder anderen Großstadt Brasiliens, auch jenen, die so viel chaotischer sind als Brasília.

So beginnt mein Weg einer, wie ich es nenne, ›Anthropologie auf Ansprache‹, und der Begriff Ansprache ist hier doppeldeutig bzw. spielt eine doppelte Rolle: zum einen jene der Antwort auf eine »Nachfrage« im Sinne eines »Gesuchs« und zum anderen damit auch, indem man darauf eingeht, der Beginn einer aktiven Teilnahme in einer etwas zurückfordernden Auseinandersetzung oder eines »Anspruchs« im Sinne eines »Prozesses« oder einer »Klage«. Deshalb würde ich dem Begriff der Anthropologie Folgendes hinzufügen oder es ihm aufbürden:

Antworten auf Fragen zu geben, die aus dem Interesse derjenigen stammen, die bis dahin ihre »Eingeborenen«, ihre »Objekte der Beobachtung und des Studiums« waren. Und indem die Anthropologie diese Antworten liefert, spielt sie auch eine Rolle, wenn es um die Ansprüche und Forderungen dieser Menschen geht. In einer Umkehrung der wohlbekannten Ordnung verwandeln sich also diejenigen, die im klassischen Verfahren der ethnographischen Studie die *Be*fragten sind, in die Sprechenden, das heißt in die legitime Klientel, die die anthropologische Arbeit fördert. Für uns, die wir mit Worten arbeiten, ist es sinnvoll, denjenigen, die einst unsere »Untersuchungsobjekte« waren, nützliche Informationen, Begrifflichkeiten und Rhetoriken für ihre Auseinandersetzungen und Forderungen anzubieten. Diese Disponibilität, diese Bereitschaft, sich als Werkzeug anzubieten, wird so zu einem Teil der Methode. Eine Disziplin wie die Anthropologie kann in der Ära der Menschenrechte, in der die *Pueblos* keine fremden Fürsprecher mehr brauchen und für sich selber sprechen, nur auf diese Art überdauern. Die Rolle des Anthropologen als Vermittler wird entbehrlich, es sei denn, er wird bei der Konstruktion von Argumentationen und der Vermittlung von Wissen, das die Menschen brauchen, um sich in der Welt des *Weißen* zu behaupten, um Hilfe gebeten.

Folgende Anekdote zeigt ziemlich gut, was auf dem Spiel steht: Einer meiner Studenten, dessen Thema die Polizeigewalt in Brasilien war, hat einmal als Beobachter an einer Versammlung von Sozialwissenschaftlern und Vertretern von Favela-Gemeinden aus Rio de Janeiro teilgenommen. Einer der Sprecher dieser Gemeinden hat dabei den Vortrag eines Akademikers unterbrochen und zu ihm gesagt: »Wir brauchen euch Soziologen und Anthropologen nicht, damit ihr uns sagt, warum wir gewalttätig sind. Wir wissen, was bei uns geschieht.

Wir brauchen jemanden, der uns erklärt, wie der Staat funktioniert, damit wir uns zu den Institutionen, die wir überhaupt nicht begreifen, und mit denen wir zusammenarbeiten müssen, in Beziehung setzen können.« Das ist ein Anspruch. Wir müssen also nur unseren disziplinären Werkzeugkasten zur Verfügung stellen und uns ansprechen lassen.

»Disponibilität« und Anthropologie auf Ansprache: Der Vorrang des ›Anderen‹

Ich habe einige meiner jüngsten Texte einer Kritik der Universität gewidmet, ihrer Unterwerfung unter ein durch die Universitätsreform der neunziger Jahre auferlegtes und von Technokraten geleitetes Evaluationssystem und insbesondere der unkritischen Befolgung der internationalen intellektuellen Arbeitsteilung. Es gibt Gesellschaften und geopolitische Räume, deren Aufgabe es ist, theoretische Kategorien zu produzieren. Und es gibt andere Räume, unsere, deren Aufgabe es ist, diese theoretischen Kategorien zu konsumieren. Eine der Ursachen dafür ist, dass wir so erpicht darauf sind, uns mit den Denkschulen des geopolitischen Nordens zu verbandeln, dass wir die Fragen, die aus dem direkten Umfeld unseres Denkens stammen, überhaupt nicht hören. Und würden wir die Fragen, die an uns gestellt werden, wirklich hören, sähen wir uns gezwungen, anders zu arbeiten. Denn wir könnten auf diese Fragen nicht mehr mit Karteikarten-Wissen antworten, das auf der Lektüre europäischer oder nordamerikanischer Autoren basiert. Hörten wir wirklich zu, würde das Wissen, gefangen in einem Bett des Prokrustes, in dem die Dimensionen des denkenden Subjekts von vorneherein festgelegt sind und es zur Amputation kommt, sollte dieses Subjekt es wagen, sie zu überschreiten, nicht helfen, um Antworten auf jene Fragen zu liefern, die von jenem Punkt aus gestellt werden, auf dem wir selbst stehen. Weder der Inhalt noch der Diskursstil solcher Antworten würden der unvermeidlichen Amputation entgehen. Wenn wir uns stattdessen dem ›Angesicht des Anderen‹ – um einen Ausdruck von Emmanuel Levinas zu benutzen, der meinen Text *Antropologia e Direitos Humanos* inspiriert hat – gegenüber disponibel zeigen, dann würden wir einen Zugang zu jenem Denken schaffen, welches die eurozentrische Brille außerhalb unseres Blickfeldes platziert und somit von unseren zur Erkenntnis befähigten Körpern abgetrennt hat.[14]

Im gerade zitierten Text schlage ich dieses Vorgehen für das Feld der Rechte, und insbesondere der Menschenrechte, vor. Ich argumentiere darin, dass der Motor der Ausweitung universeller Rechte der Widerstand ist, den uns das Angesicht des ›Anderen‹ entgegensetzt: seine Herausforderung, seine Opazität oder Undurchdringlichkeit und seine Fragen. Und genauso: seine Einwände und seine Andersartigkeit. Jedes *Pueblo*, jeder von uns, repräsentiert eine partielle, eine begrenzte Menschheit. Nur indem man sich dem Unbehagen des Anderen, seiner Andersartigkeit und seinem Anspruch öffnet, mit einer ausgreifenden, einladenden, gastfreundlichen Geste, erweitert diese Menschheit ihre Intelligenz und ihre Fähigkeit, den Sinn des Lebens zu verstehen. Ich vertrete in diesem Text den Standpunkt, dass es bis in den kleinsten Weiler hinein zwei ethische Impulse gibt: jenen der Konformität, also die konservative, gehorsame Ethik, und jenen der Unzufriedenheit, rastlos auf der Suche nach Wegen hin zu einer besseren Welt für mehr Menschen. Diese unzufriedene Ethik wird durch die Herausforderung des Anderen, durch seine Andersartigkeit stimuliert und ausgelöst. Es ist eine permanent unzufriedene Ethik, unzufrieden mit dem, was ich bin, und mit dem, was man mir zu sein

beigebracht hat. Und sie sieht in der Differenz des Anderen, mit seinen Forderungen, das, was ihr noch fehlt. Sie führt auch dazu, dass das Subjekt so vorgeht wie viele Figuren im zeitgenössischen Film: den implantierten Chips und dem implantierten Speicher misstrauen, die Programme lokalisieren, sie ethisch hinterfragen und sie deinstallieren, falls sie eine Welt reproduzieren, in der das Schädliche das Wohlwollende überwiegt. An diesem Punkt spielt mein Fach, die Anthropologie, eine aktive Rolle, die, wenn ihr im Diskurs ein Wert zugestanden wird, unbestreitbar ethisch und politisch sein kann. Denn das Berufsethos, das der Arbeit des Anthropologen zugrunde liegt –
und angesichts seiner disziplinären Episteme zugrunde liegen muss –, ist die Bestimmung und Verteidigung einer menschlichen Welt, die von Natur aus plural ist.

Von 2013 bis 2017, also fast vier Jahre lang, habe ich an der Ausarbeitung eines anthropologischen Gutachtens für ein »Hochsicherheitsgericht« in Guatemala gearbeitet, das das Urteil über jene Vorkommnisse gefällt hat, die als »Fall Sepur Zarco«* bekannt geworden sind.[15] Warum ich mich daran gerade jetzt erinnere? Weil unterm Strich das pluralistische Argument das zentrale Element des anthropologischen und geschlechterspezifischen Gutachtens war, das ich zu schreiben hatte.

Es war das pluralistische Argument, das ich in dem entsprechenden Teil meiner Darlegung ausführte, welches die Haltung des Richter-Triumvirats beeinflusst hat, und nicht etwa der Hin-

* In Sepur Zarco, einer Maya-Q'eqchi-Gemeinde im Osten Guatemalas, waren 1982 während der Diktatur indigene Frauen an einem Militärstützpunkt versklavt, vergewaltigt und zum Teil ermordet worden. Das Urteil 2016 stufte häusliche und sexuelle Sklaverei als Verbrechen gegen die Menschlichkeit ein.

weis auf eine wohlwollende Logik, denn, wie wir heute wissen, verachtet die Theologie des Kapitals die karitativen Motive, und die Werte, auf die sich seine Theologie stützt, imprägnieren auch das Gewissen der am wenigsten verdächtigen Akteure. Was mir dort auffiel, war, dass eine wohlwollende Logik heute keine ausreichende Logik ist, weil sie für das historische Projekt des Kapitals und die damit verknüpften Dispositive – als da seien: die Logik des Wettbewerbs, der Modernisierung, des Desarrollismo, der Berechnung, der Akkumulation und Konzentration – einen dysfunktionalen Wert darstellt. Denn das hier ist eine Welt der ›Starken‹, die den Gesetzen des Marktes unterliegt. Deshalb schien es mir bei der Verhandlung wichtig, darauf hinzuweisen, dass dieser Krieg, dieser Genozid, dieser schlagende Beweis für die permanente Gegenwärtigkeit der Konquista, mit all ihren Handlungsweisen, all ihren Formen der Grausamkeit, die in den achtziger Jahren in Guatemala – es war das Vietnam Lateinamerikas! – stattgefunden haben, der ohne Schuldgefühle ganze Dörfer und ganze *Pueblos* ausgelöscht hat, ein »Angriff auf den Pluralismus« gewesen ist. Und auch, zu erklären, dass Angriffe auf den Pluralismus Konsequenzen für die gesamte Menschheit als Spezies haben, das heißt Konsequenzen in Bezug auf ein Wir in unserer Beschaffenheit als ›homo sapiens‹.

Der Punkt ist folgender: Wenn diese pluralistische Ratio von einigen Menschen mit einem guten Herzen als wohlwollende Ratio begriffen wird, so stellt sie doch für diejenigen, die im Herzen keine akzeptable Logik sehen, kein überzeugendes Argument dar. Wie also überzeugen wir sie? Das ist nicht einfach, und es hängt auch mit der Vorstellung zusammen, sofort handeln zu müssen, mit dem Mangel an Weitblick in dieser Art des Agierens. Der klassische Anthropologe Claude Lévi-Strauss, den niemand als einen kritischen Anthropologen bezeichnen würde, hat in seinen beiden großen Konferenzen vor der UNESCO doch ein Argument geliefert, das für uns hilfreich ist.[16] Sehr verkürzt formuliert, schafft Lévi-Strauss darin einen Raum für die Idee, dass es in der Naturgeschichte immer schon Katastrophen gegeben hat, immer Katastrophen, deren Konsequenzen nicht vorhersagbar waren: Welche Spezies würden sie überleben, welche würden zugrunde gehen?

Ich würde hinzufügen, dass heute, mitten im Anthropozän, dem jüngsten Abschnitt der Naturgeschichte, in der die menschliche Anwesenheit bereits Auswirkungen auf das Ökosystem hat, das Auftreten von solchen Katastrophen noch sehr viel häufiger sein könnte. Die Naturgeschichte ist, laut Darwin, nichts anderes als ein russisches Roulette der radikalen Unvorhersehbarkeit. Und nichts deutet darauf hin, dass derartige Katastrophen aufhören werden zu geschehen; vielmehr deutet, wie gesagt, alles darauf hin, dass sie angesichts der Anwesenheit der Menschen noch häufiger werden. In Hinblick auf die Möglichkeit einer Spezies, sie zu überleben, geht es nicht um ihre Überlegenheit, wie es der Sozialdarwinismus interpretiert hat, sondern um ihre eigenen Fähigkeiten zur Anpassung an die neue, sich nach der Katastrophe einstellende Situation. Daher ist es, im jetzigen Moment der Geschichte und in einer Zukunft der Katastrophe – und noch jede Zukunft wurde als Katastrophe gedacht –, unmöglich vorherzusagen, welches der *Pueblos*, welche Gemeinde der Spezies eine Zukunft haben wird oder die kommende Ära des Planeten noch erleben wird. Möglicherweise wird sie weder in Paris noch in New York leben, möglicherweise lebt sie in einem Heiligtum im Amazonas oder auf einem sehr hohen Berg, sprich an einem isolierten Ort. Man kann es nicht wissen, denn die Naturgeschichte war eins schon immer: eine Lotterie.

Folglich ist der Wert des Pluralismus, die Logik, eine Welt im Plural zu verteidigen, eine pragmatische Logik, eine Logik im Rahmen eines wissenschaftlichen Pragmatismus, der sich aus der Tatsache ergibt, dass wir weder wissen, in welcher Nische des Planeten, noch wissen wir, unter welchen Bedingungen des Zusammenlebens, mit welchen Regeln bezüglich Verwandtschaft, Ehe oder Gemeinsinn eine menschliche Gruppe imstande sein wird, sich in die post-katastrophische Zukunft zu katapultieren. Deshalb habe ich mich in meiner Argumentation vor den Richtern in Anlehnung an Lévi-Strauss auf die

Tatsache bezogen, dass das Zerstören von Gesellschaften, Gemeinschaften und vielfältigen Formen der Existenz, also die Zerstörung eines historischen Projekts innerhalb der Nation, ›anders, anderer Art‹ zu sein, einen Angriff auf den Wert der Vielfalt bedeutet, der für die Zukunft einer Nation und der Spezies entscheidend ist.

Die Gewalt fängt mich auf der Straße ein

Zurück zum Thema, wie sich meine Forschungen entwickelt haben. Ich hatte von meiner ersten Erfahrung mit einer aus der Gesellschaft heraus gestellten Frage bzw. Ansprache berichtet, in jenem Fall die von einem Oberst der Militärpolizei, damals 1993: Warum ist in Brasília die Zahl der Vergewaltigungen auf offener Straße so hoch? Mir ist erst vor relativ kurzer Zeit klar geworden, dass ich, als ich anfing, an der Beantwortung dieser Frage zu arbeiten, davon überzeugt war, es handele sich um ein temporäres Problem, um eines, das vorübergeht. Ein Problem eines bestimmten Zeitpunkts an einem bestimmten Ort, nämlich der Stadt, in der ich gerade lebte. Ich ging davon aus, dass es irgendeine Ursache gäbe, die diese Situation außerordentlicher Gewalt hervorgerufen hatte. Und ich ging auch davon aus, dass sich diese Situation, wenn man sie erst begreift und sich damit auseinandersetzt, auch lösen lassen würde, mit anderen Worten, dass unser Eingreifen das Ziel hätte, einen Unfall in der Geschichte aufzuarbeiten. Anders formuliert: Ich habe die geschlechterspezifische Gewalt nicht als ein strukturelles Phänomen betrachtet. Doch die Zeit, diese fast fünfundzwanzig vergangenen Jahre, hat uns gezeigt, dass es kein zufälliges, besonderen Umständen geschuldetes und vorübergehendes Phänomen war, sondern eben ein strukturelles. Das war ohne Zweifel deprimierend, hat sich doch so ein Thema, das mir in einem flüchtigen Moment vorgeschlagen worden war und von dem ich glaubte, es schnell wieder hinter mir zu lassen, fest in meinem Leben etabliert, und zwar so, dass ich nie wieder von ihm lassen konnte: Das Thema der geschlechterspezifischen Gewalt.

So kam es auch, dass ich *Las Estructuras Elementales* erst ein Jahrzehnt nach Beginn meiner Arbeit im Gefängnis veröffentlicht habe. Über Jahre hatten wir mit Unterstützung von Studentengruppen Häftlinge im Gefängnis von Brasília, die letztinstanzlich wegen einer Vergewaltigung verurteilt worden waren, angehört. Ein großer Teil des Buches ist das Ergebnis des Nachdenkens über diese Gespräche, die wiederum eine ganze Reihe meiner Gewissheiten untergraben und infrage gestellt hat. Medien, Richter und Polizisten haben übrigens die gleichen Gewissheiten – allesamt sehr rudimentäre und oberflächliche Arten und Weisen, sexuelle Gewalt und Angriffe auf Frauen zu denken.

Wir hatten uns vorgestellt, dass unser oberstes Ziel in diesen Gesprächen mit den Gefängnisinsassen sein würde, über den Dialog zu einem Verständnis des Aktes der Aggression gegen die Frauen zu gelangen. Und die erste Überraschung sollte sein, dass wir auf Häftlinge trafen, die selber auch versuchten, ihre Taten zu verstehen. Das war es zumindest, was wir in diesem brasilianischen Gefängnis erlebten: Die wegen Vergewaltigung Verurteilten äußerten, mit ihrer »Tat« konfrontiert, Schwierigkeiten, diese zu begreifen. Die Gespräche fanden in einer ungewöhnlichen Umgebung statt: eine halb offen stehende Tür, Sitzkissen auf dem Boden und eine Gefängniswache, die sich außerhalb dieser Anordnung befand. Da es eine Untersuchung war, die die Polizei selbst veranlasst hatte, konnten wir auf gute Bedingungen zählen, um uns in einer komfortablen Situation mit den Häftlingen zu unterhalten. Wir führten lange Gespräche, es gab keine zeitliche Begrenzung, was eine einzigartige Chance darstellte, das mentale Universum eines Vergewaltigers auszukundschaften. Und eines der zentralen Themen war eben jenes Unverständnis in Bezug auf die eigene Handlung.

Während ich, von meinen Vorurteilen über dieses Thema ausgehend, andere Antworten erwartet hatte, kamen unerwartete Informationen. Informationen, die für viele Menschen bis heute überraschend sind, obwohl ich seit etlichen Jahren zu erklären versuche, was ich damals zu begreifen begann und was sich verkürzt folgendermaßen schildern lässt: »Ich hatte eine Ehefrau, ich hatte eine Reihe von Affären und zusammen mit meinen Freunden gingen wir Freitagabend immer ins Bordell. Wenn ich also doch keine Frau brauchte, warum habe ich dann vergewaltigt?« Das ist die wörtlich aus einem der Interviews zitierte Antwort, die mich bis heute auf meinem Weg begleitet, sexuelle Gewalt zu verstehen. Dieser Weg steht im Gegensatz zu einem instrumentellen Verständnis der Vergewaltigung, das von den Medien gespeist wird und sich gemeinhin im Menschenverstand des Publikums und der Autoritäten einnistet und diese dominiert. Darin wird die Vergewaltigung als instrumentell für die Befriedigung einer Notwendigkeit gedacht, als Raub einer für den Angreifer unentbehrlichen sexuellen Dienstleistung, und somit als libidinöser Akt. Aber keine der Antworten der Häftlinge bestätigte diese Annahme eines Raubs wegen einer Dienstleistung, also der gängigen Perspektive, in der wir eine Vergewaltigung betrachten. Der Häftling behauptete, er habe eine derartige Dienstleistung gar nicht nötig. Und so ist langsam die Idee entstanden, die all meine Texte durchzieht, auch meine späteren Texte über sexuelle Gewalt in von Mafien kontrollierten Gebieten oder neuartigen kriegerischen Kontexten. Es ist die Idee der Gewalt als einer Aussage, also einer eher expressiven denn instrumentellen Dimension der Gewalt, was eine zentrale Differenz für das Verständnis des Verbrechens der Vergewaltigung bedeutet. Und das ist heute so, wie es ist, weil wir durch die Medien permanent dazu verleitet werden, alles einseitig zu betrachten, auf eine direkte und instrumentelle Art und Weise. Dabei stellt die Vergewaltigung in der gegenwärtigen Welt das am schwersten zu verstehende Verbrechen dar, weil es eben kein Verbrechen ist, das sich auf materieller Ebene vollzieht, sondern ein aussagendes Verbrechen, eines das jemandem etwas sagt. Was also sagt eine Vergewaltigung? Und wem sagt sie es?

Der Vergewaltigung liegt folgende Logik zugrunde: Einerseits ist sie eine Tatsache, eine Handlung in (der) Gesellschaft, ein kommunikativer Akt, dessen Aussage sowohl vom Sprecher als auch von den Adressaten verstanden wird, wenn auch nicht auf dem Wege einer analytischen oder diskursiven, sondern vielmehr auf dem einer praktischen Erkenntnis. Andererseits verweist die Vergewaltigung nicht ausschließlich auf das Verhältnis zwischen dem Angreifer und seinem Opfer, sondern allem voran auf das Verhältnis zwischen dem Angreifer und seinesgleichen, also den anderen Männern. Während die erste hier formulierte Annahme bereits in den feministischen Analysen existiert, so im klassischen Buch von Susan Brownmiller *Against our Will* (1975),* ist die zweite Annahme das, was mein Modell diesen hinzufügt, oder auch, worin sie die klassische feministische Konzeption abwandelt, denn sie nimmt die Zentralität des Verhältnisses Angreifer-Opfer zugunsten des Verhältnisses Angreifer-Seinesgleichen zurück und bestimmt so die anderen Männer als die privilegierten Gesprächspartner im Rahmen der Handlungen, die in den Vollzug einer Vergewaltigung münden. Aus der ersten Annahme schließen wir, dass dieses Subjekt kein anomales Subjekt ist, wie es die Medien und der gemeine Menschenverstand, das kollektive Imaginäre, gerne darstellen: sonderbar, einsam, isoliert, abweichend und mit einer singulären Berufung für das Verbrechen. Der von Susan Brownmiller zitierte nordamerikanische Psychiater Menacher Amin hatte schon 1975 belegt, dass die meisten Vergewaltiger in Gruppen agieren. Und das ist heute keineswegs anders. Deshalb ist es kein anomales Subjekt, es ist ein Subjekt, das seine Handlung in einer Gruppe vollzieht. Aus der zweiten Annahme erwächst meine Kritik an der Art und Weise, in der wir Frauen das Mann-Frau-Verhältnis, das Geschlechterverhältnis und das Verhältnis zwischen Angreifer und Angegriffener aus einem größeren, in dieser Handlung präsenten Zusammenhang herausgelöst haben. Und zwar aus dem Verhältnis zwischen dem Angreifer und seinesgleichen, sprich, der männlichen Bruderschaft, der Zunft der Männer, der Loge des größeren Bruders, des Nachbarn von gegenüber, des Cousins und all derer, von denen das ausgeht, was ich ›Mandat der Männlichkeit‹ genannt habe.

* Dt.: Gegen unseren Willen: Vergewaltigung und Männerherrschaft. Frankfurt am Main: Fischer 1978.

Das Mandat der Männlichkeit verlangt vom Mann, sich ständig als solcher zu beweisen. Denn anders als die Weiblichkeit ist die Männlichkeit ein Status, eine Hierarchie des Ansehens. Man erwirbt diesen Status wie einen Titel, dessen Gültigkeit man erneuern und beweisen muss. Ausgehend von meiner ersten Untersuchung zum Thema, sind dies die Annahmen, auf denen all meine weiteren Interpretationen geschlechterspezifischer Gewalt basieren. Die männlichen Initiationen in den verschiedensten Gesellschaften weisen auf diese Notwendigkeit einer solchen Titulierung hin, und zwar mithilfe von Herausforderungen und Mutproben, die eine A-Sozialität, Grausamkeiten verschiedener Art und ein Moment des Risikos beinhalten. Die weibliche Initiation in Stammesgesellschaften konzentriert sich eher auf das Lernen im Zusammenhang mit der organischen Reifung und den Lebenszyklen der Frau. Also: Das vergewaltigende Subjekt ist einem Mandat der Männlichkeit ausgesetzt, das von ihm verlangt, seine Fähigkeit, seinen Rang, seine männliche Position in den Augen der anderen zu beweisen. Und selbst dann, wenn der Vergewaltiger alleine handelt, machen sich andere Präsenzen neben ihm bemerkbar, die ich als »Gesprächspartner im Schatten« bezeichnet habe. Es ist diese Kameradschaft, die ihn fordert, ihn auf die Probe stellt, ihn drängt. Die Prüfung, dass er ein Mann ist, besteht darin, dass er imstande ist, aus der weiblichen Position etwas »herauszuschlagen« oder »einen Tribut einzutreiben«. In der symbolischen Ökonomie der Geschlechter ist eine Position eine weibliche, weil von ihr aus ein Tribut in Richtung der männlichen Position geht, die diesen Tribut eintreibt und von ihm zehrt. Die Vergewaltigung verortet ihr Opfer – meist eine Frau, aber manchmal auch einen Mann – in der weiblichen Position, und nährt sich mit dem aus dieser Beherrschung, diesem Prozess der Herabsetzung resultierenden Tribut. Es gibt keine Männlichkeit ohne die Zirkulation dieses Tributs, der sie konstruiert. Und es gibt keine Weiblichkeit ohne diese Hinführung in die herabgesetzte, unterworfene Position: Das ist die »heterosexuelle Matrix«, die patriarchale Matrix, das soziale Geschlecht. Das genau ist es, was eine Vergewaltigung vollzieht: den Körper der Frau in die weibliche Position bringen; die Vergewaltigung ist eine verweiblichende Handlung, die einen archaischen Akt reproduziert.

Wenn ich von Männlichkeit und Weiblichkeit spreche, dann spreche ich, wie man weiß, nicht von Wesenseigenschaften, sondern von unterschiedlichen Geschichten: die Geschichte der Männer und die Geschichte der Frauen. Wobei man hier immer auch die Existenz von bedeutenden Abweichungen mit Blick auf das, was man unter einem Mann und unter einer Frau versteht, berücksichtigen muss. So war und ist zum Beispiel in den amerindischen *Pueblos* die Transition und Charakterisierung eines Körpers mit männlichen Genitalien hin zur sozialen und sexuellen weiblichen Position und den weiblichen Rollen und Aufgaben möglich. Die Kolonie annulliert diese Freiheit und legt die Geschlechter auf Basis eines biologischen Dimorphismus fest. Unser rassistisches, anti-indigenes und anti-kommunitäres Vorurteil macht uns glauben, die Moderne sei fortgeschritten, entwickelt. Unser positives Vorurteil hinsichtlich der Moderne und das negative hinsichtlich der kommunitär organisierten Gesellschaften machen uns glauben, wir hätten Fortschritte gemacht, obwohl man in Wahrheit die Durchlässigkeit der Geschlechter, die Formen der Travestie, die Akzeptanz des androgynen Charakters der menschlichen Wesen und die performative Natur der Geschlechterpositionen in den Stammesgesellschaften vorfindet und nicht bei uns, wo sie des Schutzes durch Gesetze bedürfen, um zu existieren. Ehen zwischen Personen, die aus unserer Perspektive gleichen Geschlechts sind, gibt es in zahlreichen amerindischen Gesellschaften, obwohl sie durch den Prozess der Kolonisierung zunehmend ausgemerzt werden. Die *Criollo-isierung* oder die »Patriarchalisierung« und die »Rassialisierung« der Sozialbeziehungen ist das Schlimmste, was unseren Gesellschaften jemals widerfahren ist. Wir sind blind, wenn es um den *Criollo* – das Subjekt des Vaterlandes, den Begründer dieser republikanischen Staaten – geht. Sein heldenhafter Status bei der Gründung der Republiken verbietet uns zu sehen, dass es sich um ein unsicheres Subjekt handelt, und daher auch um ein perfides, grausames, gewalttätiges und dominantes Subjekt. *Criollo* ist Synonym für rassistisch, misogyn, homophob, transphob und speziesistisch. In seiner *weißgemachten* Rolle des Patriarchen wird der *Criollo* all das bestrafen, was er als Missachtung seines patriarchalen Gesetzes erachtet, und deshalb müssen wir die frauenverachtenden sowie die homo- und transphoben Verbrechen als die gleiche Gewalt begreifen wie die Gewalt des Patriarchen gegenüber allem, was er missachtet. Rassismus und Speziesismus sind als Teile des gleichen bestrafenden Angriffs auf all das zu sehen, was dieses verdammte Subjekt opfert, um inthronisiert zu werden.

Die Ursprungsmythen einer Vielzahl von *Pueblos*, die über die fünf Kontinente der Welt verteilt sind, enthalten eine Episode, welche die gerade beschriebene symbolische Ökonomie begründet.[17] Dieses mythische Motiv nimmt die Form des Mythos von Adam und Eva oder des psychoanalytischen Mythos auf. Dort, wo es sich in verschiedenen Varianten, aber strukturell identisch auf den Mythos von Adam und Eva in der Genesis bezieht, geht es um die Geschichte eines weiblichen Vergehens – ein Delikt oder ein Ungehorsam –, auf das als Antwort auf die Verletzung der etablierten Moral eine Strafe und die

Herabsetzung der weiblichen Figur auf eine untergeordnete Stufe folgt. Die Genesis ist ein klassisches Beispiel:

Evas Ungehorsam führt zum Verlust des Paradieses. Dort, wo die Erzählung die Form des psychoanalytischen Mythos annimmt, wird der weibliche »Fehler« oder die Immoralität – Vernachlässigung der ihr qua geschlechtlicher Rollenverteilung zugeschriebenen Aufgaben, wie zum Beispiel Vernachlässigung der Herde oder Nachlässigkeit im Umgang mit Menstruationsblut etc. – mit dem Entzug der weiblichen Macht bestraft, der widerrechtlichen Inbesitznahme ihrer souveränen Position, ganz wie im klassischen Fall des Diebstahls der Flöte durch die Baruya-Männer in Papua-Neuguinea, über den Maurice Godelier berichtet, auf den ich mich in *Las Estructuras Elementales* beziehe. Für die Baruya in Papua-Neuguinea waren die Frauen die Erfinderinnen und die ersten Besitzerinnen der Flöte; sie waren diejenigen, die dieses heute durch das Männerhaus geheiligte Instrument spielten. Aber da sie undiszipliniert waren, die Herde vernachlässigten und es wagten, über die Stränge zu schlagen, und sogar die Flöte mit Menstruationsblut in Kontakt kommen ließen, gab es eine Verschwörung der Männer und sie stahlen den Frauen das Instrument, das heute das Emblem der männlichen Zunft ist. Nichts könnte so analog zur berühmten Formel Lacans sein, wenn er schreibt, dass wenn *»l'homme a le phallus«*, *»la femme est le phallus«*[*].[18]

Möglicherweise erzählen all diese Mythen von einem ersten Krieg, jenem Konflikt, welcher die Frau auf die Position der Frau reduzierte und so die menschliche Spezies begründete. Diese Erzählungen scheinen darauf hinzuweisen, dass der erste Schritt in Richtung Menschheit in dem Moment gegeben war,

* Dt.: *»der Mann den Phallus hat«*, *»die Frau der Phallus ist«*.

in dem sich bei den meisten – wenn auch nicht allen – Primatenarten die Unterordnung des Weibchens unter das Männchen – aufgrund der vergleichsweise größeren Muskelmasse und größeren Aggressivität – in einen moralischen Diskurs verwandelt hat, also in eine Norm. Das ist nichts anderes als das, was Eva widerfährt, die, bis zur Episode mit dem Apfel, eine Person, eine Spielgefährtin und Kumpanin von Adam gewesen ist (obschon der Umstand, dass sie aus Adams Rippe gezeugt worden war, ihr Schicksal teilweise bereits vorwegnimmt). Die Episode mit dem Apfel kulminiert in ihrer Bestrafung, ihrer Verehelichung und ihrem negativen moralischen Erbe für alle Frauen in der Geschichte. Sie verweiblicht die Frau in genau dem Sinne, in dem wir heute Verweiblichung verstehen: Sie erfindet ein reduziertes Geschlecht, unzulänglich, ein Wesen mangelhafter Natur. Anders gesagt, diese Episode erfindet die Verweiblichung der Frau, die bis dahin nicht exakt eine Frau war, sondern eine Person. Und das ist das Problem, das uns seit Beginn der ›patriarchalen Vorgeschichte der Menschheit‹ bis heute verfolgt: Wir Frauen sind und sind doch keine Personen. Und die Männer sind, in ihrem Mandat der Männlichkeit, welches das Mandat der Vergewaltigung einschließt, die Herren über den moralischen Kompass. Im Kontext dieser Ursprungsgeschichte und der sie stabilisierenden symbolischen Ökonomie, habe ich – zum Entsetzen vieler – behauptet, dass ›der Vergewaltiger nichts anderes ist als ein Moralapostel‹. Diese Vorstellung des Vergewaltigers als desjenigen der über sein Opfer urteilt und es (als Strafe zur Vergewaltigung) verurteilt, ist genauso strukturiert wie der Mythos von Adam und Eva, in dem Adam den Pakt mit der Heiligkeit innehat und nicht Eva, vielleicht von Anfang an, auf jeden Fall aber ab dem Moment ihrer »ungehorsamen« Fügung.

Die elementare Struktur der Gewalt

Das zentrale Thema des gleichnamigen Buches ist also die Einfügung des Angreifers in die Kreuzung zweier Gesprächsachsen. Auf der einen Achse nimmt er mittels seiner gewalttätigen Aussage einen Dialog mit seinem Opfer auf, das er bestraft, diszipliniert und in die unterworfene Position bringt, indem er es verweiblicht. Hier wird das archaische Moment, auf das ich mich gerade bezogen habe, aus anderer Perspektive betrachtet wieder zum Leben erweckt. Die damals im Gefängnis gesammelten Zeugenaussagen deuten darauf hin, dass der Vergewalti-

ger ein moralistisches und sittenstrenges Subjekt ist, das in seinem Opfer die moralische Abweichung sieht, die ihn auf den Plan ruft. Und zwar dergestalt, dass seine Handlung in Bezug auf das Opfer eine Vergeltungsmaßnahme ist. Der Mann, der auf das Mandat der Männlichkeit reagiert und ihm gehorcht, sieht sich als der Hüter des Gesetzes und nimmt sich das Recht heraus, die Frau zu bestrafen, der er Fehler oder moralische Abweichung zuschreibt. Deshalb behaupte ich, dass der Vergewaltiger ein Moralapostel ist.

Aus dem gleichen Motiv heraus fordert der Angreifer von dem unterworfenen Körper einen Tribut ein, der ihm zufließt und seine Männlichkeit konstruiert, weil er seine Potenz durch die Fähigkeit nachweist, die Autonomie des unterworfenen Körpers zu beschädigen und an sich zu reißen. Der männliche Status hängt von der Fähigkeit ab, diese Potenz zu demonstrieren, wobei Männlichkeit und Potenz synonym sind. Ich habe sechs Arten von Potenz identifiziert, die sich gegenseitig bedingen, austauschbar und miteinander verwachsen sind: sexuelle, kriegerische, politische, ökonomische, intellektuelle und moralische Potenz – und diese letztgenannte ist jene des Richters, des Gesetzgebers und auch jene des Vergewaltigers.

Diese Potenzbereiche müssen ausgebildet, erprobt und demonstriert, also spektakulär ausgestellt, zur Schau gestellt, werden. Und sie speisen sich, wie eben erklärt, durch ein Tribut, die Eintreibung einer Abgabe, einer aus der weiblichen Position, deren Symbol der Körper der Frau ist, eingezogenen Steuer, und zwar in Form weiblicher Angst, weiblichen Gehorsams, weiblicher Dienstleistung, aber auch in Form der Verführung, welche die Macht über die weibliche Subjektivität ausübt.

Hierin liegt eine symbolische Ökonomie, die sich reproduziert und die sowohl in der Historie der Spezies als auch im alltäglichen Leben beobachtet werden kann. Es ist an diesem Punkt, an dem meine These von María Lugones' These abweicht, die gemeinsam mit einigen anderen Autorinnen die Position vertritt, dass das Patriarchat eine koloniale Erfindung sei. Ich hingegen glaube, dass das Patriarchat sich in der Spezies sehr viel früher und über einen langen Zeitraum herauskristallisiert hat, und zwar insbesondere angesichts der Universalität – im Sinne der Verbreitung über die ganze Erdkugel – der Mythen von Adam und Eva einerseits und des psychoanalytischen Mythos andererseits. Aber ich glaube auch, dass das Patriarchat historischer Natur ist, denn es braucht die mythische Erzählung, das Narrativ, um sich zu rechtfertigen und zu legitimieren. Stammte das Patriarchat aus einer natürlichen Ordnung, dann wäre es nicht notwendig, seine Ursprünge in Erzählungen zu formulieren.

Wir können also festhalten, dass die Vergewaltigung sich um zwei Achsen dreht, die sich gegenseitig befruchten. Eine, die ich als vertikale Achse beschreibe, ist jene des Verhältnisses zwischen dem Angreifer und seinem Opfer, die Achse, auf der Tribut gezollt wird. Die Handlung entlang dieser vertikalen Achse stellt die Potenz und die Fähigkeit zur Grausamkeit des Angreifers aus. Die andere Achse ist die horizontale, weil sie sich auf die Beziehung zwischen gleichen Mitgliedern der männlichen Bruderschaft bezieht und auf die Notwendigkeit, dem anderen, also dem Zunftbruder, dem Komplizen gegenüber, Bericht darüber abzulegen, wie potent man ist, um im Blick dieses Anderen die Anerkennung zu bestätigen. Es geht um die Anerkennung, die Anforderungen des männlichen Mandats erfüllt zu haben: die Fähigkeit zur Herrschaft, zur mutwilligen Zerstörung, die Fähigkeit, »eine Frau flachzulegen«, zu erzählen, dass man sich einer Gefahr ausgesetzt hat, kurzum, diese kleinen Delikte, die, ausgehend von der Doktrin des ›Mandats der Männlichkeit‹, zur Ausbildung eines ›echten Mannes‹ dazugehören. Diese ›Ausbildung‹ des Mannes führt zu einer Art psychopathischer Persönlichkeitsstruktur, insofern als sie nur eine sehr eingeschränkte Bindungsfähigkeit zulässt. Und sie ist eng verknüpft mit der militärischen Ausbildung, auf die sie sich leicht übertragen lässt: zeigen und beweisen, dass man eine »dicke Haut« hat, abgehärtet und nicht empfindlich ist, dass es einem gelungen ist, die eigene Verletzlichkeit, die wir auch »Mitgefühl« nennen, abzuschaffen, und man daher in der Lage ist, grausame Handlungen zu vollziehen, ohne dass einem deren Auswirkungen zu schaffen machen würden. All dies ist Teil der Geschichte der Männlichkeit, die auch die Geschichte des Soldatenlebens ist.

Die Gruppe der Gleichgesinnten oder Zunftbrüder ist, soziologisch betrachtet, eine Verbindung, eine Korporation. Die zwei spezifischen Merkmale der Gruppe von Mitgliedern, die eine solche Korporation bilden, sind folgende: Erstens, die Treue zur Korporation und zu seinen Mitgliedern ist im axiologischen Sinne ihr zentraler, unverrückbarer und alles beherrschender Wert. Das bedeutet auch, sie annulliert jede Loyalität und jeden Gehorsam gegenüber einem anderen Wert, der mit dem Schutz der Korporation und den damit verbundenen Interessen in Konflikt geraten könnte. (Deshalb tendiere ich übrigens dazu, den Ausdruck der Schwesternschaft für Verbindungen unter Frauen zu vermeiden. Ich verweigere mich dem korporativen Merkmal, das die Bezeichnung der Schwesternschaft unserer Art, uns zueinander in Beziehung zu setzen, aufbürden könnte.) Zweitens ist die Korporation intern hierarchisch organisiert. Diese beiden Merkmale führen mich zu der Überzeugung, dass das erste Opfer des Mandats der Männlichkeit die Männer selbst sind, dass es eine geschlechterspezifische Gewalt innerhalb des Geschlechts gibt – heute sprechen wir von ›bullying‹ – und dass die Gewalt gegen Frauen von der Gewalt zwischen Männern herrührt. Und zwar aus den Formen der Nötigung, die sie – angesichts der Gefahr ihre Teilhabe am männlichen Status, der atavistisch mit der Teilhabe am Status der Menschheit verwechselt wird – erleiden, um sich nicht der Untreue gegenüber der Korporation, ihrem Mandat, ihrer hierarchischen Struktur, ihrem Repertoire an Forderungen und Mutproben schuldig zu machen und um dem Wetteifern um das Modell des Männlichen, das von ihren paradigmatischen Mitgliedern verkörpert wird, nicht auszuweichen. Das führt zu dem Gedanken, dass die Männer in einen Kampf gegen das Patriarchat eintreten müssen, aber sie müssen es nicht ›für uns‹ tun, nicht um uns vor dem Leid zu schützen, das wir durch die geschlechterspezifische Gewalt erfahren, sondern ›für sich selbst, um sich vom Mandat der Männlichkeit zu befreien‹, das ihnen das Leben lang eine Reihe von schmerzhaften Mutproben abverlangt, und in vielen Fällen zu einem frühzeitigen Tod führt. In Buenaventura, an der pazifischen Küste Kolumbiens, haben paramilitärische Banden im Dienste des Immobilienkapitals, die mit der Räumung eines seit über einem Jahrhundert von afro-deszendenten Populationen bewohnten Territoriums beauftragt waren, Gemeinden massakriert und die Körper ihrer Frauen mit unvorstellbarer, abschreckender Grausamkeit behandelt. Dort bekam ich einmal folgende Frage gestellt: Wie beendet man diesen Krieg? – Ein Krieg, der durch kein Friedensabkommen beendet werden kann. Darüber hatte ich noch nie nachgedacht. Was ist der Ursprung eines solchen Krieges ohne definierte Form, ohne Regeln, ohne humanitäre Verträge: der Krieg des entfesselten Kapitals, der lediglich dem Imperium der konzentrierten Eigentümerschaft* gehorcht. Ich war sehr überrascht und überlegte, was ich darauf antworten könnte. Und mir ist nur ein Gedanke gekommen, der mich bis heute stimuliert und mir Hoffnung macht: ›die Demontage des Mandats der Männlichkeit‹. Später dachte ich, und das glaube ich immer noch, dass die Demontage des Mandats der Männlichkeit, die ja in keiner Weise bedeutet, dass die Männer verschwinden, die Lösung für eine ganze Reihe von enormen Qualen ist, an denen unsere Zeit leidet. Denn die Demontage des Mandats der Männlichkeit ist nichts anderes als die Demontage des Mandats der Eigentümerschaft.

Von der Gewalt auf den Straßen in Brasília nach Ciudad Juárez

Im Jahr 2003, während eines Sommerkurses der Universität Complutense Madrid in El Escorial, der vom damaligen Richter am Nationalen Gerichtshof Baltasar Garzón organisiert worden war, habe ich zwei aktivistische Frauengruppen getroffen, die sich um das kümmerten, was damals in Ciudad Juárez,

* Im Orig.: *dueñidad*; Neologismus, abgeleitet von *el dueño*, Eigentümer, Besitzer.

Grenzstadt des Bundesstaats Chihuahua im Norden Mexikos, geschah, also das, was in der ganzen Welt als die Femizide von Ciudad Juárez bekannt geworden ist. Ich hatte erst kurz zuvor von diesem schrecklichen Horror gehört, und zwar beim Vortrag von Rossana Reguillo bei einer Veranstaltung der Juristischen Fakultät der Universität von Texas in Austin. Unter den Frauen, die ich in El Escorial traf, war auch die wunderbare Chicana-Dokumentarfilmerin Lourdes Portillo, die nicht nur den ersten Film überhaupt über die ›Madres de Plaza de Mayo‹ gemacht hat, sondern auch die großartige Dokumentation *Señorita extraviada* über Ciudad Juárez konzipiert und umgesetzt hat, ich würde sagen, die besten unter den vielen Dokumentarfilmen, die dazu heute im Umlauf sind.* Außerdem war Isabel Vericat dort, damals die Vorsitzende der Nichtregierungsorganisation *Epikeia*. Dank Isabels Vermittlung reiste ich 2004 nach Ciudad Juárez.

Während ich mit diesen Frauen sprach und in der folgenden Zeit, in die auch mein Besuch in Ciudad Juárez fiel, wurde mir nach und nach deutlich, dass die männliche Korporation und ihre symbolische Ökonomie, ich in *Las Estructuras Elementales* beschrieben hatte, auch die symbolische Ökonomie der Mafia ist. Das heißt, die mafiöse Korporation repliziert mit genau jenen Merkmalen, die ich gerade skizziert habe, die Struktur der männlichen Korporation. Beide Vereinigungen, die patriarchale und die mafiöse, sind in ihrer Struktur und ihrer Funktionsweise analog.

* Als *chicano/a* bezeichnet man in den USA lebende Menschen mexikanischer Herkunft. Die *Mütter der Plaza de Mayo* formierten sich während der letzten argentinischen Militärdiktatur 1976–1983 und fordern bis heute Auskunft über ihre verschwundenen Kinder.

Was die Situation in Ciudad Juárez betrifft, gab es in den ersten zehn Jahren des 21. Jahrhunderts eine Vielzahl von Hypothesen, 42 an der Zahl – hat mir ein Student mal erzählt. Diejenige, die ich formuliert habe, ist eine von ihnen, und in ihr spielt die Vorstellung der Gewalt gegen Frauen als eine aussagende Gewalt weiterhin eine Rolle: eine Gewalt, die eine territoriale Herrschaft ausdrückt und im Fall von Ciudad Juárez die Existenz einer mafiösen Gerichtsbarkeit bestätigt. Wir könnten sagen, dass der Körper der Frau eine Art Tafel ist, auf der die Macht schreibt, ein Rahmen, auf dem sie ihre Insignien der territorialen Souveränität und der Kontrolle über die Justiz festnagelt. Das ist das zentrale Thema des Buches *La Escritura del Cuerpo*, in dem ich vermeide, eine instrumentelle These aufzustellen, wie zum Beispiel jene, dass die Gewalt in Ciudad Juárez mit einer männlichen Vergeltung zu tun habe, weil sich die Frauen in der *Maquiladora*-Industrie eingerichtet haben.[19] Diese These nimmt auf die Tatsache Bezug, dass die Leichen just nach der Unterzeichnung des NAFTA-Vertrages zwischen Mexiko und den Vereinigten Staaten begannen aufzutauchen. Eine Folge dieses Vertrages war der Aufbau der sogenannten *Maquilas* oder *Maquiladoras*, exportorientierte Fabriken zur Montage von elektronischen Apparaten und der Textilverarbeitung, in der die Arbeitskraft mehrheitlich weiblich war. Die zitierte These der männlichen Vergeltung besagt, dass die Frau bestraft wird, weil sie Zugang zu Beschäftigung gefunden hat. Es stimmt zwar, dass so viele weibliche Arbeitskräfte Zugang zu Beschäftigung erhalten haben, aber ich halte dies für eine vereinfachende These, denn die paradigmatischen Verbrechen in Ciudad Juárez sind keine häuslichen Verbrechen, in denen ein Ehemann wegen des beruflichen Aufstiegs seiner Frau gewalttätig wird, sondern Verbrechen in aller Öffentlichkeit, in denen Frauen angegriffen werden, die weder in der Vergangenheit noch zur Tatzeit in irgendeiner Beziehung zu ihren Angreifern gestanden haben. Die These scheint also davon auszugehen, dass sich die Männer, sozusagen als Kategorie, zusammengeschlossen haben und übereingekommen sind, sich an den Frauen zu rächen, weil diese aus ihrer abhängigen, untergeordneten Position herausgekommen sind und Arbeit gefunden haben. Es fällt mir schwer, mir eine solche wohl überlegte Vereinbarung vorzustellen, und ich gehe davon aus, dass der männliche Pakt und sein Mandat hier in anderer Art und Weise eine Rolle spielen. In der Vorstellung des »Hassverbrechens« gibt es eine weitere These, die ebenfalls mit einer Idee geschlechterspezifischer Rache verknüpft ist.

Nicht, dass ich nicht glaube, dass in manchen Aggressionen Hass eine Rolle spiele, oder dass ein gewalttätiger Ausbruch nicht auch Bösartigkeit oder Wut beinhalten könne. Was ich ablehne, ist die monokausale Erklärung, die sich ausschließlich auf das Emotionale bezieht, die allein dem Intimen, dem Feld der Gefühle und der persönlichen Motive zugeordnet wird. Das zu akzeptieren, würde bedeuten, dass nur die eine der beiden eben beschriebenen Achsen, also die vertikale zwischen dem Angreifer und seinem Opfer, das Geschehen antreibt, und das Mandat zu vergessen, das die horizontale Achse der Beziehung des Angreifers mit seiner männlichen Zunft, sei es offen oder im Schatten, durchzieht. Meine Lesart ist politischer Natur, und es ist eine Lesart, in deren Zentrum die patriarchale Politik steht. Ich habe gelernt, dass sich hinter dem Testosteron die Macht verbirgt und dass die libidinöse Dimension diejenige ist, die am wenigsten zum Verständnis der geschlechterspezifischen Gewalt beiträgt. Meine Lesart hat mich auch zu dem Verständnis geführt, dass das, was sich dort ausdrückt, die Bestätigung von Macht ist, die von einem Mandat gefordert wird, das ein männliches Mandat der Vergewaltigung, der Beherrschung, der Kontrolle über das Körper-Territorium und über den Körper als Index eines Territoriums ist. Seine »Spektakularisierung«, dieser Exhibitionismus, ist funktional und unverzichtbar für die Reproduktion der männlichen Position. Und zu guter Letzt findet die geschlechterspezifische Aggression nicht deswegen statt, *weil* es Straflosigkeit gibt, sondern sie *ist* die Zurschaustellung der Straflosigkeit, die öffentliche Deklaration der männlichen Unberührbarkeit, die sich in Ciudad Juárez in die öffentliche Deklaration verwandelt, dass die Mafien in ihrer Hoheit über die Gerichtsbarkeit in dieser Grenzstadt unantastbar sind. Es ist somit eine politische Lesart, die auf den verpflichtenden, fordernden und einklagenden Charakter dieser Art von Verbrechen abzielt, die einen verbindenden Zweck haben und durch einen für die Macht charakteristischen Pakt des Schweigens geprägt sind.

Das bereits in *Las Estructuras Elementales* vorhandene Grundmuster wird so durch die Analyse der Vorfälle in Ciudad Juárez erweitert: die Interpretation des männlichen Paktes, der Bruderschaft, aber nicht einfach unter Männern, sondern von Personen, die im gleichen Geschäft agieren, dort allerdings verschiedene Positionen einnehmen: die Eigentümer und die Auftragsmörder, die einen in der Position, zu bestimmen, die anderen in jener, zu gehorchen; in beiden Fällen Personen, die eine Form finden, ihr Bündnis und den Pakt des Schweigens durch eine Opferung zu besiegeln.

Ich habe mit vielen Müttern von Opfern aus Ciudad Juárez gesprochen und verschiedene Autoren dazu gelesen, insbesondere Diana Washington, eine Journalistin der Zeitung *El Paso Times* aus Texas. Sie hat über viele Jahre regelmäßig eine Kolumne über die Femizide auf der anderen Seite der Grenze geschrieben, über diese seltsamen und unbegreiflichen Angriffe, die opaken Verbrechen an den Frauen von Ciudad Juárez – und hat sie später in einem Buch versammelt.[20] Ein anderer Journalist, der Mexikaner Sergio González Rodríguez, legte das Buch *Huesos en el desierto* vor.[21] Beide versammeln eine Fülle von Informationen über die Verbrechen, die spezifische Merkmale aufweisen.

Ciudad Juárez war über einige Jahre die gewalttätigste Stadt der Welt, wurde allerdings zuletzt von San Pedro Sula in Honduras überholt. Auf unserem Kontinent liegt die Mehrzahl der gewalttätigen Städte der Welt. Es ist ein gewalttätiger Kontinent, insbesondere im Zusammenhang mit dem verborgenen Krieg, über den ich im nächsten Vortrag sprechen werde. Ein Krieg, der mit der Akkumulation von Kapital aus nicht deklarierten Quellen zu tun hat. Mit Blick auf Ciudad Juárez habe ich von einem »Zweiten Staat« gesprochen, um auf eine unterschwellige Sphäre der Kontrolle und Verwaltung des Lebens und der Lebensführung hinzuweisen, die über »kommunizierende Röhren«, wie ich es genannt habe, mit der staatlichen Sphäre verbunden ist, aber parallel zu ihr funktioniert. Natürlich agieren Personen des staatlichen Lebens auch auf dieser substaatlichen Ebene, in diesem Zweiten Staat, in dem es ein Organisationsmuster gibt, eine nachvollziehbare Regelhaftigkeit der Handlungen. Und die Menschen vor Ort wissen, wer dort agiert. So erklärt sich, warum man im ersten Jahrzehnt dieses Jahrhunderts die Mütter der ermordeten Frauen von Ciudad Juárez in Mexiko-Stadt demonstrieren sah, wo sie das Ende der Straflosigkeit, die Suche nach den Schuldigen und die Freilassung der Inhaftierten einforderten.

Warum sie das taten? Weil sie wussten, dass es sich um Verbrechen der Macht handelte und nicht Verbrechen von denjenigen, die dafür eingesperrt wurden, denn das sind, ganz im Gegenteil, Menschen ohne jede Macht. Sie wissen sehr wohl, dass es keine Serientäter, Verrückte oder Anomale waren, und auch keine eifersüchtigen Ehemänner, sondern dass es Verbrechen einer organisierten Macht sind, die sich in ihnen ausdrückt und so ihre Botschaften sendet. In diesem sehr komplizierten Verfahren begreife ich, dass wir vor einem Kriegsszenarium stehen, einer Art Krieg ohne Namen, der sich allerdings wie eine Geißel ausbreitet und den verletzlichsten Menschen das Leben nimmt, nämlich jenen, die ungeschützte soziale und geographische Räume bewohnen, in die das Licht des Staates nie hineinleuchtet.

So erweiterte sich meine These zunächst auf Ciudad Juárez und später auf den Kontinent. Ein Pakt des Schweigens verknüpft, festigt und vertieft die Allianzen zwischen den verschiedenen im mafiösen Geschäft agierenden Kräften, die mit der Gewalt, die sie in die Körper der Frauen einschreiben, ihre Fähigkeit der Kontrolle der Justiz zur Schau stellen: Sie machen ihn zu einem Spektakel. Nicht nur dem Körper der Frauen wird diese Rolle zugeschrieben, sondern – wie ich später feststellen musste –, auch jenem von Kindern, wie es im Fall von Candela Rodríguez 2011 in einem Vorort von Buenos Aires geschehen ist. Die so durch die Grausamkeit markierten Körper sind das Produkt eines Typs Mord, der sich von anderen dadurch unterscheidet, dass er die Signatur einer korporativen, kollektiven Macht trägt, von einer bewaffneten Macht, die sich – die Struktur der männlichen Korporation replizierend und ausweitend – auf diese Weise ausdrückt und ihre Strafen verteilt. Das Verschwindenlassen der 43 jungen Menschen im mexikanischen Ayotzinapa weist genau die gleiche Ambivalenz auf, denn auch hier geht es weniger um ein Problem der Straflosigkeit als um eine spektakuläre Straflosigkeit, also um die öffentliche Zurschaustellung von Willkür und der Fähigkeit zur Grausamkeit. Das ist eine Botschaft, die uns – wie in den Diktaturen auf unserem Kontinent – etwas über die Existenz von para-staatlichen Mächten erzählt, die die Kontrolle und die Verwaltung des Lebens in immer größer werdenden Teilen unserer Länder übernommen haben. Es ist eine der vielen Formen von Para-Staatlichkeit, die sich auf unserem Kontinent eingenistet haben. Die Zurschaustellung und die Spektakularisierung der Fähigkeit zur Grausamkeit ist die Methode des Zweiten Staates, um seine Herrschaft zu errichten und so über das Leben von immer mehr Menschen in Lateinamerika zu bestimmen.

Gibt es Fragen?

Worin besteht der rassistische Feminismus?

Segato: Was ich als »rassistischen Feminismus« bezeichne, hält sich in vielen Ländern hartnäckig, so zum Beispiel in Bolivien, wo ich dieses Jahr zweimal gewesen bin. In meinem aktuellen Forschungsprojekt versuche ich zu verstehen, warum es zeitgleich mit der offensichtlichen Demokratisierung in Hinblick auf Ethnien und Gender in Bolivien eine Verschärfung der patriarchalen Ordnung gibt. Es gilt hier, Antworten auf ziemlich wichtige Fragen zu finden: Was macht der Staat? Kann er eine Antwort geben? Ist es überhaupt richtig, die Antworten beim Staat zu suchen? Was ist das für eine Struktur, die uns Wohltaten verspricht, uns aber in Wahrheit nicht schützen kann? Das sind nicht nur für ein bestimmtes Land zentrale Fragen, sondern für den ganzen Kontinent. Zum Beispiel sehen wir, dass Frauen, die für den Staat oder Nichtregierungsorganisationen arbeiten – also aus staatlichen oder suprastaatlichen Mitteln oder von internationalen Organisationen finanziert werden –

an einem bestimmten Punkt ihrer Argumentation sagen, die Frauen der kommunitär organisierten oder indigenen Welt seien unterdrückt. Ich halte das für ein interessegeleitetes Argument und auch für ein rassistisches und eurozentristisches Argument, denn Eurozentrismus und Rassismus sind synonym. Denn das würde bedeuten, es gäbe eine zivilisierte und zivilisierende Welt, aus der die Ressourcen kommen und die es uns ermöglicht und uns ermächtigt, als jemand zu überleben, der die ›mission civilisatrice‹, die eurozentrische feministische zivilisierende Mission zu den *Pueblos* bringt. Zur Rechtfertigung dieser Mission und dieser Haltung ist es unverzichtbar zu betonen, dass die Frauen der *Pueblos* immer schon gelitten haben und durch ein Modernisierungsprojekt, also durch den Fortschritt, gerettet werden müssten. Dieser Diskurs basiert auf einem Vorurteil und bestärkt eine Gewissheit – und alles, was unsere Gewissheiten bestärkt, sollte mit Argwohn betrachtet werden. Aus diesem Grund sage ich, dass es rassistische Feminismen gibt, die letzten Endes eurozentrische Feminismen sind und die ihren Vertretern, alimentiert aus institutionellen Ressourcen, ordentliche Gehälter, einen gewissen Komfort und ein gutes Leben versprechen.

Warum sind Frauen Personen und doch keine Personen?

Segato: Ich habe gesagt, dass wir Frauen Personen und doch keine Personen sind, weil unsere Position in der Gesellschaft tatsächlich diesen amphibischen Charakter hat. Es ist nicht so, dass wir das wollen würden, aber in manchen Momenten sind wir eine Tauschwährung, eine Ware, unser Körper ist eine Ware, und in der heutigen Welt, in der apokalyptischen Phase des Kapitals, in der die Waren wie noch niemals zuvor auf dem Vormarsch sind, wo die Natur eine Ware ist, das Land eine Ware ist, und die Körper mehr denn je eine Ware sind, da steht die Frau und ist keine Person. Trotzdem sind wir gleichzeitig auch Personen. Diese Ambivalenz ist theoretisch im Strukturalismus von Lévi-Strauss und in der klassischen Analyse von Gayle Rubin formuliert worden. Für Rubin hat die Frau diese doppelte Position: als Ware und als Person, als Währung und als Person, eine Position, die sie bis heute nicht verloren hat, im Gegenteil, sie ist schlimmer geworden.

*Wenn Sie über gemeinschaftlichen Feminismus sprechen, sagen Sie das aus der gleichen Perspektive wie Julieta Paredes?**

Segato: Ich sehe im Moment drei einflussreiche feministische Perspektiven. Eine ist die eurozentrische, rassistische, jene der zivilisatorischen Mission, repräsentiert durch Frauen, die glauben, dass ihre eigene Zivilisation bessere Antworten auf Fragen des Lebens gegeben hat als andere. Frauen, die sich anmaßen, sie könnten etwas lehren, ohne etwas zu lernen. Am anderen Extrem befindet sich zum Beispiel die Position von María Lugones und ihren Quellen, die behaupten, es habe in der vorkolonialen Welt kein Patriarchat gegeben. Die wichtigste Quelle von Lugones ist die in den USA lebende nigerianische Autorin Oyèrónké Oyěwùmí. In *Las Estructuras Elementales* kritisiere ich Oyèrónké, denn ihr Buch *The Invention of Woman: Making an African Sense of Western Gender Discourses* (1997) enthält Widersprüche, die ihre zentrale These zunichte machen. Zum Beispiel schreibt sie, dass die Rituale für die Toten in der Welt der Yoruba nach männlichen und weiblichen Sippen ge-

* Die bolivianische Aymara J. Paredes gilt als zentrale Figur des *feminismo comunitario*, dt.: gemeinschaftlicher Feminismus, vereinzelt auch als kommunitärer Feminismus bezeichnet.

trennt durchgeführt werden, negiert aber die Existenz der Entität »Frau«. Außerdem taucht in verschiedenen Passagen des Textes eine Grenze für die Vertauschbarkeit der männlichen und weiblichen Position auf. Und wie würden wir überhaupt die in der ganzen Welt verbreiteten Ursprungsmythen, von denen ich eben berichtet habe, erklären, die ja das Gründungsmoment erzählen, in dem die Frau diszipliniert, verweiblicht und »verehelicht« wird? Und schließlich die dritte Perspektive, die dekoloniale, die auch meine ist, und die, das ist zutreffend, Gemeinsamkeiten mit jener von Julieta Paredes aufweist. Denn sie

steht dem Eurozentrismus der zivilisatorischen feministischen Mission kritisch gegenüber, negiert aber nicht die Geschlechterasymmetrie bei den autochthonen *Pueblos*, im Fall von Julieta Paredes selbst jenem der Aymara. Sie hat das interessante Bild der »Verschwägerungen der Patriarchate« geprägt. Ich für meinen Teil spreche, darauf werde ich noch eingehen, von einem Patriarchat niedriger Intensität, das die kommunitäre Welt charakterisiert, und einem Patriarchat hoher Intensität, also jenem der kolonial-modernen Gesellschaften. Und ich spreche vom indigenen Mann, in seinem Prozess der Annäherung an den *Criollo*,* als einem Subjekt in einer Scharnierfunktion, geschwächt vor dem *Weißen* und gewalttätig den Seinen gegenüber. Die Konquista wäre ohne eine Geschlechterordnung, die die Vereinnahmung des *nichtweißen* Mannes mittels der Logik des *weißen* Mannes ermöglicht hat, unmöglich gewesen. Kurz gesagt, sowohl für Julieta als auch für mich existiert ein Patriarchat auch in der Welt, die nicht von Kolonisierung betroffen ist. Das heißt, der amerindische Mann ist in Wahrheit nicht nur kriegerisch beherrscht worden, sondern auch durch die korpo-

* Im Orig.: *acriollamiento*.

rative Logik der *weißen* Männlichkeit verführt und vereinnahmt worden. Und das war möglich, weil er bereits eine privilegierte Position in seinen Gesellschaften innehatte, die ihn empfänglich gemacht und zugelassen hat, dass er sich den Blick des *weißen* Mannes auf die Welt zu eigen machte. Deshalb sage ich, dass der amerindische Mann das Scharnier-Subjekt zwischen den beiden Welten ist. Er ist leichte Beute, die Frau ist da eher unverwundbar. Andersherum gesagt, der Mann ist viel anfälliger für die koloniale Verführung als die Frau.

Warum lehnen Sie ab, dass das Thema der geschlechterspezifischen Gewalt zum Beruf, also professionalisiert wird?

Segato: Ich habe von dieser Professionalisierung als etwas gesprochen, dass mir persönlich widerstrebt, denn sobald dieses Thema zum Beruf wird, bedeutet das, zu akzeptieren, dass es endgültig und eindeutig wird, und auch, eine bürokratische Vision und eine entsprechende Herangehensweise zu akzeptieren. Entscheidend sind für mich der Aktivismus im Zusammenspiel mit einer kontinuierlichen Reflexion und genauso der Respekt und die Anerkennung für jene Personen, die Zeit und Energie in Gedanken, Reden und Handlungen investiert haben, um die Gewalt gegen Frauen aufzuhalten. Und hier meine ich Frauen und Männer. Was die Professionalisierung betrifft, sehe ich eher die Gefahr einer Bürokratisierung des Denkens und auch der Antworten, die wir auf dieses Problem geben. Ich habe viele extrem bürokratische Herangehensweisen erlebt und viele Menschen, die in dieser Bürokratie Karriere gemacht haben, ohne je innezuhalten und sich zu fragen, ob sie auf einem guten Weg waren, sondern nur immer mechanisch die gleichen Slogans und Rezepte wiederholend. Auf diesen Aspekt der Bürokratisierung, der Professionalisierung, hatte ich mich bezogen.

Er führt viele Menschen dazu, sich in Denk- und Handlungsroutinen einzurichten, aufzuhören zu denken und sich immerzu im Kreis zu drehen, obschon doch das Problem, mit dem wir es hier zu tun haben, bislang weit davon entfernt ist, sich durch unsere Strategien ausmerzen zu lassen.

Anmerkungen

1 Segato, Rita Laura: La Nación y sus Otros. Raza, etnicidad y diversidad religiosa en tiempos de políticas de la identidad. Buenos Aires: Prometeo 2007; sowie Segato: La Crítica, a. a. O.

2 Segato, Rita Laura: *Identidades políticas y alteridades históricas. Una crítica a las certezas del pluralismo global.* In: »Anuário Antropológico« Bd. 22(1998)1, S. 161–196.

3 Lugones, María: *Heterosexualism and the colonial/modern gender system.* In: »Hypatia« 22(2007)1, S. 186–209. [*Heterosexualismus und das koloniale/moderne Gendersystem.* In: Karina Theurer, Wolfgang Kaleck (Hg.): Dekoloniale Rechtskritik und Rechtspraxis. Baden-Baden: Nomos 2020, S. 159–192.]

4 Zum Beispiel: Landes, Ruth: The City of Women. New York: Macmillan Company 1947.

5 Vgl. Segato, La Nación, a. a. O., S. 243–272.

6 Segato, Rita Laura: A Folk Theory of Personality Types. Gods and their Symbolic Representation among members of the Shango Cult of Recife/Brazil. Ph.D. Thesis. The Queen's University of Belfast, Nordirland 1984. Portug.: *Inventando a Natureza: Família, Sexo e Género no Xangôs de Recife.* In: »Anuário Antropológico« Bd. 10(1986)1, S. 11–54, später aufgenommen in: Santos e Daimones. O politeísmo afro-brasileño e a tradição arquetipal. Brasilia: EdUnB 1995; engl.: *Inventing Nature: Family, Sex and Gender in the Xango Cult.* In: Acta Americana Bd. 5(1997)1, S. 21–60; span.: Segato: Las Estructuras, a. a. O.

7 Segato: Las Estructuras Elementales, a. a. O., S. 76–79.

8 Segato: La Crítica, a.a.O., S. 139–177.

9 Segato: La Crítica, a.a.O., S. 211–266.

10 Es gibt sehr interessante anthropologische Untersuchungen zur Universalität der romantischen Erfahrung. Zum Beispiel Lobato, Josefina Pimenta: Antropologia do amor. Do Oriente ao Ocidente. Belo Horizonte/São Paulo: Autêntica 2012.

11 Zum Beispiel die Doktorarbeit von Bueno Sarduy, Aída Esther: El ocaso del liderazgo sacerdotal feminino en el Xangô de Recife: la ciudad de las mujeres que no será, verteidigt 2014 an der Fakultät für Sozialanthropologie der Universidad Complutense in Madrid.

12 Segato: La Crítica, a.a.O., S. 101–137.

13 Femicidio en Bolivia, Informe Defensorial. Veröffentlicht von: Defensoría del Pueblo del Estado Plurinacional de Bolivia, La Paz/Bolivia, Oktober 2012.

14 Segato, Rita Laura: Antropologia e Direitos Humanos: Alteridade e Ética no Movimento de Expansão dos Direitos Universais. In: Mana 12(2006)1, S. 207–236.

15 Audio-Links: http://www.ivoox.com/juiciosepurzarco-parte1-peritaje-antropologico-cultural-genero-audios-mp3_rf_10549052_1.html; http://www.ivoox.com/juiciosepurzarco-parte2-peritaje-antropologico-cultural-genero_rf_10548803_1.html; http://www.ivoox.com/juiciosepurzarco-parte3-peritaje-antropologico-cultural-genero_rf_10491443_1.html.

16 Die Vorträge *Raza e Historia* (1952) und *Raza y Cultura* (1971), abgedruckt in: Lévi-Strauss, Claude: Raza y cultura. Madrid: Altaya 1999, S. 37–142.

17 Der seit 1999 inhaftierte kurdische Führer Öcalan verortet den Fall der Frauen am Ende des Neolithikums und bezeichnet die Befreiung der Frauen als Grundpfeiler jeder Befreiungsbewegung. Öcalan, Abdullah: Liberar la vida: la revolución de las mujeres, Neuss: International Initiative Edition & Mesopotamian Publishers 2013.

18 Lacan, Jacques: Écrits. Paris: Éditions du Seuil 1966, S. 685–695. [Dt. in: Lacan: Schriften II, hrsg. v. Norbert Haas. Weinheim, Berlin: Quadriga 1991, S. 119–131].

19 Segato, Rita Laura: La Escritura en el Cuerpo de las Mujeres asesinadas en Ciudad Juárez. Tinta Limón Ediciones: Buenos Aires 2013.

20 Washington Valdez, Diana: Cosecha de mujeres: Safari en el desierto mexicano. Mexico: Océano 2005. Engl. Original: The killing fields: Harvest of Women: the truth about Mexico's bloody border legacy. Los Angeles: Peace at the Border 2006.

21 González Rodríguez, Sergio: Huesos en el desierto. Barcelona: Anagrama 2002.

Zweiter Vortrag

Raza und Geschlecht: Über die Wichtigkeit, die hegemonialen sozialen Vorstellungen zu benennen

Ich komme nochmal zur grundlegenden Szene der Ursprungsmythen zurück: die erste Hierarchie, die unterschiedliche Aneignung von Prestige und Macht, die Szenerie der Geschlechter in der Phylogenese, also auf einer Ebene, die so alt ist wie die Geschichte der Spezies. Diese mythische Episode, die vermutlich eine historische Episode im Prozess der Vermenschlichung, also des Übergangs vom Tier zum Menschen, war, reproduziert sich täglich auf ontogenetischer Ebene, das heißt in der Notwendigkeit jedes einzelnen Individuums, in Gesellschaft zu leben, denn auch im familiären Kontext gibt es eine von Asymmetrie geprägte Szenerie. Denn die Konstellation der Familie ist asymmetrisch und patriarchal, mit Varianten, mit neuen Formen, aber sie ist nach wie vor als ein Schattentheater eines archaischen Imaginären, eines archaischen Symbolischen, modelliert – im Lacanschen Sinne des Gesetzes des Vaters als Kompass psychischer Normalität –, das durch unterschiedliche Wertzuschreibungen an die Personen vorgezeichnet ist. Gibt es die egalitäre Familie, also diejenige, in der die Heteronormativität nicht durch irgendeine Ritze doch hineinreicht, in der die symbolische oder strukturelle Geschlechterungleichheit nicht die Beziehungen organisiert und nicht die Fäden in der Hand hält? In diese Lehre der Asymmetrie von Macht und Prestige, des Wertunterschiedes der Stimmen innerhalb der familiären Konstellation und der Unterordnung und Herrschaft gehen wir menschlichen Wesen vermutlich alle, wenn wir über die Familie in den sozialen Raum eintreten. Diese asymmetrische Ordnung, die die Modelle, die Wünsche und die Formen der Befriedigung der menschlichen Psyche formatiert, wird – wie ich in *Las Estructuras* argumentiere – später auf andere Schauplätze der Ungleichheit übertragen, die das Subjekt durchlebt, wie zum Beispiel jene der rassialen Asymmetrie.

Geschlecht und *Raza* sind strukturell analog hinsichtlich der Produktion einer Differenz als Ungleichheit, obschon *Raza* dies in einer sehr viel kürzeren historischen Zeitspanne bewerkstelligt hat, im Laufe von nur fünfhundert Jahren, denn die Erfindung von *Raza* ist ein Werk der Konquista und der Kolonisierung. Folgt man Quijano, ist *Raza* nicht nur der Schwerpunkt und das Epizentrum der ›Reoriginalisierung‹* der Welt, die auf die Konquista folgt, sondern auch das Resultat der Konvergenz zwischen der modernen Wissenschaft und dem neuen Raster bzw. der weltweiten Ordnung, die sich etabliert. Rassismus ist nicht, wie gemeinhin angenommen, die bloße Diskriminierung eines zivilisatorischen Unterschieds, Fremdenfeindlichkeit, eine Auseinandersetzung zwischen Stämmen oder ein Konflikt zwischen Nationen. Es geht vielmehr um ein sehr viel präziseres Konzept, das historisch erzeugt und verortet ist. *Raza* ist nichts anderes als die Zuschreibung einer biologischen Grundlage zu einer Ungleichheit, die sich als Konsequenz eines Kriegsgewinns eingestellt hat. In anderen Worten: Zunächst etabliert sich die Ungleichheit durch die gewaltsame Unterwerfung und dann wird sie festgeschrieben, indem man

* Das Konzept der *reoriginalización* von Quijano benennt die (Wieder-) Aneignung und Transformation des sozio-kulturellen Erbes eines Kollektivs, das sich neuen Umständen gegenüber subversiv positioniert.

auf eine wissenschaftliche, biologische Ursache verweist. Die Biologie tritt hier als eine Ideologie auf, die der kolonial-modernen Rationalität folgt, sie konsolidiert und begünstigt die Herrschaft. *Raza* ist somit die »Biologisierung« der Ungleichheit. Mit *Geschlecht* geschieht genau das Gleiche, nur in einer viel größeren Zeitspanne, nämlich vermutlich jener der Spezies seit der Geschichte des Sieges und der Durchsetzung einer patriarchalen Ordnung über die Frauen, wie sie in den Ursprungsmythen, auf die ich mich im ersten Vortrag bezogen habe, erzählt wird. Denn der Mythos ist angesichts der enormen Zeitspanne seit den Ereignissen, die er wiedergibt, bereits eine verdichtete historische Erzählung. Beide Konzepte weisen denn auch eine sehr ähnliche Struktur auf.

Trotzdem gibt es innerhalb des dekolonialen Feminismus, wie ich mit Blick auf María Lugones bereits erwähnte, auch den Standpunkt, demzufolge Geschlecht ebenfalls erst eine fünfhundertjährige Geschichte habe. Es sei, ebenso wie *Raza*, kolonialen Ursprungs, denn schließlich sei auch das Patriarchat eine koloniale Erfindung. An diesem Punkt bin ich anderer Meinung: In meiner Analyse sind Patriarchat und Geschlecht gleichbedeutend, solange die patriarchale Vorgeschichte der Menschheit andauert, das heißt, ich bin der Ansicht, dass es keine dokumentierten Belege, weder historischer noch ethnographischer Art, für eine andere als die patriarchale Art und Weise des Im-Geschlecht-Seins gibt. Allerdings haben verschiedene kritische Feministinnen, von der bereits zitierten Judith Butler in *Unbehagen der Geschlechter* bis hin zu Ochy Curiel, Vertreterin des Schwarzen Feminismus, bei diversen öffentlichen Auftritten behauptet, dass die Biologie und die sexuelle Differenzierung nicht aufhören, das Fundament der Geschlechterdifferenzierung zu sein. Das binäre Raster des Sexualdimorphismus bestehe also weiterhin als Referenz für die Terminologie der Geschlechter. Außerdem naturalisiere und konsolidiere der Geschlechterbinarismus eine bestimmte Sichtweise auf die Körper. Ich bin an dieser Stelle anderer Meinung, weil die Genese des Konzeptes oder der Kategorie Geschlecht für das feministische Denken eine enorme Anstrengung gewesen ist, und zwar genau mit dem Ziel, die Sexualität, die Rollenerwartungen, die Persönlichkeiten und die Affekte von der biologischen Determination zu befreien.

Das führt mich nochmal zum Vergleich mit *Raza*, was das Problem meines Erachtens verständlicher macht. Wie gesagt, ist für einige Feministinnen Geschlecht aktuell eine Kategorie, die abgeschafft gehört, weil sie den Binarismus stabilisiert, den Sexualdimorphismus leichtfertig in einen ideologischen Binarismus verwandelt und dieser seinerseits unseren Blick auf die Körper binarisiert und zementiert. Mein Argument gegen diesen Ansatz hat seinen Ausgangspunkt in einer ähnlichen Debatte um *Raza*, an der ich teilgenommen habe. *Raza* und Geschlecht sind – das sagte ich bereits – historische Erfindungen mit dem Ziel der Herrschaft, also funktional, um einen nicht anerkannten, nicht entlohnten Wert zu schaffen – einen rassialen und patriarchalen Mehrwert. Die Erzeugnisse und das Wissen, die aus bestimmten Körpern stammen, seien es die rassialisierten oder die vergeschlechtlichten Körper, sind Erzeugnisse und Wissen geringeren Wertes, die sich mittels einer geringeren Vergütung angeeignet werden können. Als wir in Brasilien 1999 den Kampf für die Quoten begonnen haben, also den Kampf um Kontingente für *schwarze* und indigene Studenten an der Universität, bedeutete dies, das Nadelöhr anzutasten, durch das man muss, um irgendwann jene Stellen zu besetzen, die über das Schicksal und die Mittel der Nation entscheiden, denn in die mit bürokratischer Autorität und Entscheidungsmacht ausgestatteten Positionen gelangt man nur über die Universität. Die Eliten reagierten prompt mit Drohungen, sollte die Universität ihre knappen Kontingente nun auch auf *schwarze* Studenten verteilen, die bislang allein durch die Eingangsprüfungen ausgeschlossen wurden, da diese die Mehrheit der Armen, fast alle afro-deszendent, massiv ausschlossen. Denn diese Eingangsprüfungen bestanden von sehr wenigen Ausnahmen abgesehen nur diejenigen, welche über die Mittel für besondere Schulen oder sehr kostspielige prä-universitäre Kurse verfügten. Als der erste Entwurf einer Politik der Quote bzw. der Einräumung von Kontingenten, an dem ich als Ko-Autorin beteiligt war, zustande kommt, wird eine ganze Reihe von Einwänden formuliert. Und eines der zentralen Argumente der Quotengegner – und das Argument, mit dem bis zum Schluss das bis vor das Oberste Bundesgericht Brasiliens gebrachte Verfahren blockiert werden sollte – konzentrierte sich darauf, dass die Kategorie *Raza* nicht benutzt werden dürfe, denn das würde im Gesetz und in der Außendarstellung der Nation die Existenz von Rassialitäten bestätigen und sogar festschreiben. Dieses Argument ist genau das gleiche, das sich gegen die Benutzung des Begriffs Geschlecht wendet, wenn es auf identische Art und Weise behauptet, der Begriff würde die sozialen Verhältnisse der binären Ordnung bestätigen und konsolidieren. Aber die Kategorien, die zu Diskriminierung und Ausgrenzung führen, die mächtige und schädliche soziale Repräsentationen für die Aneignung von Mehrwert darstellen – diese Kategorien müssen benannt werden. Wenn sie keinen Namen mehr haben, dann können wir sie nicht analysieren, nicht kritisieren und auch nicht an ihrer Abschaffung arbeiten. Wenn man aufhört, sie zu benennen, werden sie weder verschwinden, noch werden sie ihre Funktion, eine asymmetrische Ordnung von Geschlecht und *Raza* aufrecht zu erhalten, verlieren. Historisch betrachtet ist genau dies eine der effizientesten Strategien der Eliten gewesen: gar nicht erst zu benennen, denn die Benennung führt auch zu einer Anerkennung des Problems. Die Arbeit der Menschenrechte ist eben gerade eine nominative, eine Namen gebende Arbeit, das bedeutet, die großen Fortschritte auf dem Feld der Menschenrechte hat es in diesem Bereich gegeben: die Dinge beim Namen zu nennen, durch eine Aufzählung der Bezeichnungen für das menschliche Leid, durch die

Entdeckung und Formulierung von Benennungen für das, was es nicht geben dürfte.

Es ist noch nicht lange her, da hat man überhaupt nicht von Gewalt gegen Frauen gesprochen. Für viele – Männer und Frauen – war das erste Mal, als in einer Kampagne für die Menschenrechte der Frau das Porträt einer Frau mit blau geschlagenem Auge zu sehen war, verstörend. Man begann der Sache einen Namen, ein Bild zu geben, die bis dahin … ja, eine Art Angewohnheit war, etwas, das eben manchmal vorkam. Stellen Sie sich den Sprung vor, den es bis zur Benennung von etwas so Subtilem wie psychischer Gewalt braucht, jener Gewalt, die manchmal nur mit einer kleinen, kaum wahrnehmbaren Geste jeder Person ihren Platz zuweist, der ihr verweigert, den Ort zu verlassen, an dem die Tradition im häuslichen Kontext oder der öffentliche Blick sie verortet, und so diese Zuschreibung von Ort und Position in einer habituellen Vorstellungswelt reproduziert, in dem es keine Namen für eine solche Form des Verhaltens und des Behandelt-Werdens gibt. Man sagt: »Der Fisch sieht das Wasser nicht« – und wir sehen die psychische Gewalt nicht, solange wir nicht anfangen, ihren Vorgängen und Verhaltensweisen einen Namen zu geben. Denn die psychische und moralische Gewalt sind, wie ich in *Las Estructuras Elementales* geschrieben habe, der Mörtel, der das Gebäude der Asymmetrien zusammenhält, die Atmosphäre, in der wir zu leben gelernt haben. Zum Beispiel ist die »Konvention von Belém do Pará«,* deren Klassifizierung häuslicher Gewalt die meisten Länder des Kontinents übernahmen, wirklich erschöpfend in der Benennung aller Arten von Gewalt, unter der Frauen leiden, eingeschlossen die finanzielle Gewalt. Und doch bin ich vor kurzem auf eine in den ländlichen Gegenden in ganz Lateinamerika omnipräsente Art gestoßen, die noch keinen Namen hatte und der somit das zentrale Instrument für die Analyse und den Aktivismus fehlte: die Nahrungsmittel-Gewalt, derzufolge an vielen Orten auf dem Land die Männer des Hauses – der Vater, die männlichen Kinder und Besucher, wenn es welche gibt – zuerst essen und besser essen und in Mangelzeiten nur Reste hinterlassen. Dies ist eine materielle Gewalt, die in keinem der mir bekannten Gesetze einen Namen hat, aber es ist auch eine symbolische Gewalt, eine Art und Weise, die Zuschreibung von unterschiedlichem Wert an Personen qua Geschlecht zu kennzeichnen. Kurzum: Ohne Geschlecht zu benennen und ohne *Raza* zu benennen, werden wir keine Möglichkeit haben, über die Formen der unterschiedlichen Behandlung zu sprechen, die Ungleichheit reproduzieren, und wir hätten zum Beispiel auch keine Möglichkeiten, »positive Diskriminierungen« als ein nivellierendes und die negative Diskriminierung reparierendes Instrument in die Praxis umzusetzen.

* Interamerikanische Konvention über die Verhütung, Bestrafung und Beseitigung von Gewalt gegen Frauen, verabschiedet im Juni 1994 im brasilianischen Belém, Hauptstadt des Bundesstaats Pará.

Die patriarchale Vorgeschichte hinter sich lassen

Der Weg ist jener der Subversion, der haarfeinen Ungehorsamkeiten, so wie die Poststrukturalisten es nahelegen. Ein Weg der Verweigerungen, der ungehörigen Praktiken, des Gleitens aus der Ordnung und der konstanten Abweichungen, mit denen wir die destabilisierten Hierarchien aushöhlen können, jene Realität also, die, so wie sie heute existiert, unser Fühlen und Denken strukturiert. In diesem Zuge wird es auch unvermeidlich sein, die bürokratische Ordnung anzutasten. Der durch das poststrukturalistische Denken vorgezeichnete Weg

ist auch der Weg einer weiblich codierten und einer dekolonialen Politik, denn im Grunde haben das dekoloniale Denken und der Poststrukturalismus große Gemeinsamkeiten, insbesondere im Hinblick auf die Art und Weise der Revolte. Es ist der Weg der Demontage, der Erosion, des Entziehens des Bodens, mit kleinen Erschütterungen, und zwar bei gleichzeitiger Verhinderung einer Entfremdung von den Avantgarden. Denn wir dürfen die Fehler nicht wiederholen, die wir schon einmal begangen haben und die uns viele Leben gekostet und in unzähligen Schlachten als die Besiegten zurückgelassen haben.

Einer der großen Unterschiede zwischen dem kritischen Denken der Kolonialität und dem Marxismus ist – einmal abgesehen davon, dass die Perspektive der Kolonialität dem, was ich »historisches Projekt des Kapitals« nenne, explizit kritisch gegenübersteht –, dass es in der marxistischen Prämisse des kritischen Denkens ein verbindliches Bild davon gibt, wie die Gesellschaft sein soll. Das heißt, es gibt ein vorgefasstes Muster der Gesellschaft, die man erreichen will: egalitär, ohne Trennung von Hand- und Kopfarbeit, ohne Klassentrennung zwischen denjenigen, die im Besitz der Produktionsmittel sind, und jenen, die ihre Arbeitskraft verkaufen müssen, ohne entfremdete

Arbeit, ohne Mehrwert usw. Darin steckt immer noch die Idee eines vorab fixierten Schicksals der Geschichte, die zu einem – wie ich es gern nenne – »Autoritarismus der Utopie« führt. Im Gegensatz dazu nimmt sich die dekoloniale Perspektive vor, wieder an das Bestehende, an die Fetzen der Kommune, die ihrem historischen Weg weiterhin folgt, anzuknüpfen: die indigenen *Pueblos*, die Landarbeiter, die Afro-Deszendenten, die Amefrikanität unseres Kontinents. Breschen schlagen, Zwischenräume im verfestigten Gewebe der Kolonial-Moderne schaffen, den historischen Projekten der *Pueblos* Wege der Kontinuität aufzeigen. Wie im Fall des Poststrukturalismus: Das Bestehende destabilisieren, um der Aufführung dessen, was daraus hervorgeht, beizuwohnen.

Der Selbstherrlichkeit einer vorgefassten Utopie abzuschwören, bedeutet, den tragischen Geist zu verstehen und zu ertragen, einen Geist, der für das menschliche Leben charakteristisch ist, den die Moderne aber leugnet. Es bedeutet also zu lernen, in der »Ungewissheit« zu leben, in der Unbestimmtheit, in einem Raum der Unentscheidbarkeit. Die politischen Anführer preisen Sicherheiten an und fangen uns so mit dem Versprechen ein, das Gute mit Präzision vom Bösen zu trennen, die Wahrheit von der Lüge, den rechten vom falschen Weg hin zu einer perfekten Gesellschaft. Mit ihrer fünfhundert Jahre alten Fähigkeit, unter den grauenhaftesten Bedingungen zu überleben, verfügen die *Pueblos* über eine strategische Intelligenz, die mit dem tragischen Geist in Einklang steht. Während das Kapital und die Moderne von Natur aus kurzsichtig sind, ist diese Intelligenz mit einer behutsamen Zeitlichkeit, einem langfristigen, vorausschauenden Blick verbunden und wird dadurch erst ermöglicht. Sie lehren uns, dass eine gute Vorgehensweise darin besteht, die Ambivalenz, die Realität des Inkonsequenten und Widersprüchlichen auszuhalten, so wie es eben ist, in der Welt des *Weißen* und gleichzeitig auch außerhalb dieser Welt zu leben. Weder auf der Suche nach festem Boden noch nach einem sicheren Hafen. Das kommunitäre Subjekt akzeptiert die Gleichzeitigkeit von A und Nicht-A, ohne sich aus der Ruhe bringen zu lassen. In unserer Welt ist die Strategie also jene der Erosion, der Destrukturierung, der Demontage, des Ungehorsams, der Abweichung und der De-Ritualisierung. Die Wege der Marxismen einerseits und des Feminismus und der dekolonialen Kommunität andererseits sind zwei völlig unterschiedliche: mit ihnen und gegen sie, sagt Quijano. Ein subversiver täglicher Ungehorsam, eine widerständige Unkonventionalität, ohne die Notwendigkeit der Guillotine Žižeks als Antwort auf Judith Butlers Glauben an die Kraft der Diskurse, um eine Dialektik anzustoßen, die imstande ist, die Geschichte zu verändern.[1]

Wie ich in meinem Text »*Raza* es signo« in *La Nación* ausführe, gründet die wahre Utopie der Geschichte in ihrer Ungewissheit und ihrer Unvorhersehbarkeit. Nicht einmal die Nation, mit der größten Kraft zu töten und einer Kriegsmaschinerie, die größer ist als jene aller anderen zusammen, hat es geschafft, die Geschichte jener Länder zu kontrollieren, in die sie eingefallen ist.

Die Utopie, deren Verdrängung noch niemandem gelungen ist, ist nichts anderes als die Unvorhersehbarkeit und die Freiheit der Geschichte, ihre Offenheit. Es sind die Prozesse, auf die es ankommt, und das ist die einzige Realität, die es gibt: die kleinen Revolten, welche Normen und Hierarchien von Tag zu Tag destabilisieren. Die Ergebnisse sind reine Glückssache. Angesichts der Unmöglichkeit, die Zukunft einzufangen, ist daher der Prozess das Einzige, was existiert. Die Ziele höher zu schätzen als das Verfahren, führt zu einem Autoritarismus des Guten, der zuweilen genauso schädlich ist wie die Autoritarismen des Bösen. Im Fall des Feminismus können wir den Stil der patriarchalen Politik nicht replizieren. Wir müssen eine Alternative zu ihrer politischen Kultur in die Praxis umsetzen. Viele der feministischen Praktiken, insbesondere in Europa, sind vom patriarchalen ›Ethos‹ der Politik und auch von einem patriarchalen Ehrgeiz geprägt. Es ist offenkundig, dass die Macht, in dem Sinne, den sie in der patriarchalen Ordnung annimmt, also staatliche Macht, mafiöse Macht oder territoriale Macht, den Ehrgeiz vieler Feministinnen weckt. Wir sollten träumen, aber bitte nicht die Träume des Patriarchen! Wir sollten uns von der Zeit und den *Pueblos* inspirieren lassen, in denen die Frauen ihre eigenen Träume hatten – und immer noch haben –, das heißt, von einer Welt, in der die Pluralität von Bestrebungen und Zielsetzungen, die zur Zufriedenheit führen, immer noch möglich ist. Die Kolonial-Moderne und der Kapitalismus haben den Effekt gehabt, die Pluralität der Träume zu reduzieren, sie zu vereinheitlichen.

Ich hatte im ersten Vortrag erklärt, warum ich überzeugt bin, dass die ersten Opfer des Mandats der Männlichkeit die Männer selbst sind. Ich glaube, die Tatsache, dass die Männer in allen Ländern der Welt früher sterben, bestätigt dies. Sie leiden und können ihr eigenes Leiden nicht wahrnehmen, und deshalb können sie es auch nicht behandeln. Sie negieren die Wahrnehmung ihres körperlichen Schmerzes und ihres psychischen Leidens, weil sie nicht darüber sprechen können. Der männliche Narzissmus führt dazu, dass – wie es Kaja Silverman in *Male Subjectivity at the Margins*[2] beschreibt – der Mann kein Bewusstsein davon haben kann, was ihm fehlt, da er seine Bedürfnisse verdrängt, maskiert und verschweigt. Wir, die

Frauen, akzeptieren uns problemlos und ohne Angst als mangelhafte Wesen, wenn es sein muss. Die Männer können sich ihrem eigenen Leiden nicht stellen und können es daher auch nicht darstellen. Die Frau kennt Formen der Freundschaft und der Bindungen, in denen sie auf Unterstützung und Schutz trifft, und vor allem muss sie sich nicht mit dem Problem der Ehre auseinandersetzen wie der Mann. Es ist eine große Erleichterung, keine Ehre in dem Sinne zu haben, wie der Mann sie definiert. Der Mann, in seinem Narzissmus, kann seinem eigenen Mangel nicht ins Auge sehen, sich nicht mit seiner eigenen Verletzlichkeit und Unzulänglichkeit konfrontieren. Er muss sich vor den anderen in Szene setzen, vorgeben, ein ›ganzer Mann‹ zu sein, während wir, die Frauen, es nicht nötig haben, irgendeine Vollständigkeit vorzutäuschen. Es geschieht allerdings, wenn wir in eine institutionelle Position vordringen – zum Beispiel im Staat oder auch in der Wissenschaft –, dass sich unser Verhalten den Regeln des männlichen ›Ethos‹ angleicht, obwohl wir Frauen diese Ämter innehaben, und zwar insbesondere dann, wenn sie die Ausübung irgendeiner Art von Autorität verlangen. Denn Geschlecht ist nicht nur ein Attribut der Körper, sondern es fließt auch im Blut der Institutionen und markiert so die Körper und Handlungen derjenigen, die in ihnen arbeiten.

Wenn ich mich auf den Mann oder die Frau beziehe, dann mache ich das, wie bereits gesagt, nicht von einem essenzialistischen Standpunkt aus. Mein Blick ist ein historischer, denn wir Männer und Frauen haben unsere je eigenen Entwicklungsgeschichten; miteinander verflochten, vollziehen sie sich gleichzeitig, sind aber unterschiedlich. Unsere Institutionen haben sich über einen sehr langen Zeitraum ausdifferenziert, in dem die strikte Rollenverteilung nach Sexus – wie Claude Lévi-Strauss es überzeugend in seinem Text über die Familie schreibt[3] – die einzige Form war, um die heterosexuell orientierte Sexualität als dominante Form des sexuellen Austausches und somit die Reproduktion der Spezies zu gewährleisten. Diese Geschichten stoßen ausgerechnet im modernen Humanismus auf ihren schwierigsten Moment, also dann, wenn – genauso wie im Fall von *Raza* – der universalistische und egalitäre Diskurs von einem sich äußernden Subjekt mit ganz bestimmten Merkmalen stammt, das sich aber gleichwohl als universales Paradigma des ›Menschlichen‹ positioniert, das heißt als Ikone und Emblem des Subjekts, das berechtigt ist, im Namen der Menschheit zu sprechen. Angesichts dieser Inthronisierung eines ganz Bestimmten zur Repräsentation Aller muss jede Differenz verdaut, egalisiert und auf ein Format reduziert werden, das durch diese Figur etabliert wurde. Historisch betrachtet ist diese Figur auf dem Sockel nichts anderes als das, was zuvor *ein* Mann gewesen ist, das heißt eine der beiden Kategorien, eine korporierte Gruppe unter anderen, einer von zweien in der prokreativen Geschlechterdualität mit ihren Rollen, der sich jetzt, seit der Renaissance, der Konquista, der Aufklärung und der daraus resultierenden Moderne in *den* Mann verwandelt hat, in das universelle Subjekt.* Der pluralistische Dualismus der vorkolonialen Welt verwandelt sich so in den modernen Binarismus: Dies sind zwei völlig unterschiedliche Strukturen, denn die binäre Ordnung ist die Ordnung des ›Einen‹, dieses universellen Subjekts, an dem alle Differenzen abgeglichen werden,

* Im Orig.: »[…] aquel que previamente fue *hombre* con minúscula, […] se ha trasformado en *Hombre* con mayúscula«. Das span. *hombre*, ebenso wie das frz. *homme* und das ital. *uomo*, bedeutet gleichermaßen Mann und Mensch.

die jetzt als Minderheit gelten: Die Frau wird das Andere des Mannes sein, das Heterodoxe in den Sexualpraktiken wird das Andere des Heteronormalen sein, das *Schwarze* wird das Andere des *Weißen* sein, der Primitive wird das Andere des Zivilisierten sein. Auf der Folie des männlichen, *weißen*, besitzenden, gebildeten Subjekts und ›Familienoberhaupts‹ müssen sie alle sich in das Recht und die Politik einfügen, und sie werden es in seiner Sprache tun müssen, seine Gestik und seinen Habitus imitierend, seine Rituale übernehmend. Sprache betrügt nicht, im Gegenteil, sie enthüllt mit bemerkenswerter Präzision die Genealogie der öffentlichen Sphäre, des Staates und des besonderen Formats des Verkündungsorgans der Rechte, die, zumindest von der Intention her, doch ›universell‹ sind. Wenn man diesen Prozess nachvollzieht, den ich in verschiedenen Texten, Konferenzen und Interviews beschrieben habe, dann können wir sagen, dass die DNA des Staates männlich ist.[4]

An diesem Punkt ist es von größter Bedeutung, darauf hinzuweisen, dass die andere Seite dieses historischen Prozesses, durch den sich das männliche Subjekt in das Subjekt verwandelt hat, das die Menschheit repräsentiert – oder anders gesagt: aufhört *ein* Mann zu sein, um auf den Thron *des* Mannes zu steigen –, die Minorisierung von Allen bedeutet, die nicht mit seinen Merkmalen übereinstimmen. Ihr Anderssein verwandelt sich, wie soeben beschrieben, von diesem Moment an in ein Problem, das es zu lösen gilt. Im Fall der Frau und ihres Umfeldes wird der häusliche Raum, der in der kommunitären Ordnung weder intim noch privat war – und es auch heute nicht ist –, seinen politischen Charakter verlieren, er wird entpolitisiert. Häuslich hat eben nicht immer bedeutet – und bedeutet immer noch nicht in jedem Fall –: jenseits des Schutzes durch das Gesetz und bar jeden politischen Cha-

rakters. Der häusliche Raum war – und in den Gemeinschaften ist er es nach wie vor – ein Raum der Diskussion und der Entscheidung, der dann in den Diskussionsraum der Männer bzw. den öffentlichen Raum hineinreicht und diesen beeinflusst. Es gibt zwar eine Wertehierarchie, auch eine explizite Asymmetrie, aber keine Einhegung des Häuslichen durch das Öffentliche, wie es nach dem Beginn der Kolonial-Moderne geschehen ist. Die explizite Asymmetrie in jenen Nischen, in die die Kolonialität nicht vorgedrungen ist, wird durch das einhegende Sonderrecht des universellen Subjekts mit seinem egalitären Diskurs eine maskierte Asymmetrie. Im häuslichen
Raum entwickeln die Frauen ihren politischen Charakter, ihre Handlungsweise, ihren Stil der Konfliktlösung und der Verwaltung vorhandener Ressourcen. Hier gibt es ihre geschützte Raum-Welt, die nicht frei von eigenen Konflikten ist, und auch ihre eigenen Aufgaben, Spiele, Rituale, künstlerischen Aktivitäten und die Sorge um den Körper – allesamt Anlässe für ihre eigene Kommunikation jenseits des allgemeinen Dorflebens. Wenn dieser Raum privatisiert, entpolitisiert und marginalisiert wird, sich also in einen Überrest, ein Residuum, eine Anomalie in Bezug auf das universelle Subjekt verwandelt, dann wird er vom Staat und der öffentlichen Sphäre mit ihrem modernen Design eingehegt – man könnte auch sagen, verschlungen – und der historische Weg eines Stils weiblicher Politizität, also eines weiblichen politischen Charakters, wird ausgelöscht. Was bleibt, sind einige seiner Spuren und ›eine Art und Weise zu sein‹ unter uns Frauen …, gewisse ›Arten, Dinge zu lösen‹, glücklicherweise.

Diese weiblich kodierte, beinahe verlorene Politizität ist heute relevanter denn je, denn wir stehen vor einem Zusammenbruch des politisch-patriarchalen Kanons. Geblieben ist lediglich die institutionelle Fiktion. Es ist daher dringend geboten, zusammenzukommen und die Fäden dessen, was wir auf dem Weg der Geschichte verloren haben, wieder miteinander zu verknüpfen: die Art und Weise der Frauen, Dinge im Leben zu tun und zu lösen, die weiblich kodierte Politik, die der humanistische Monismus ausgeschlossen hat.

Die männliche Geschichte ist die Geschichte der Gewalt

Wie gesagt, in Ciudad Juárez beginne ich zu begreifen, dass das Mandat der Männlichkeit leicht in ein Mandat der »Mafialität« übergeht, weil die Struktur der Männlichkeit analog zu jener der mafiösen Vereinigung ist. Dort verstehe ich auch, dass die Verbrechen der Macht diejenigen sind, die nie aufgeklärt werden, und dass sie auf diesem korporativen Pakt der Männer, der Mitglieder der Zunft oder männlichen Bruderschaft basieren. Ich kann nicht behaupten, dass die These, die ich in *La Escritura* aufgestellt habe, durch Tatsachen belegt ist. Ich kann es deshalb nicht behaupten, weil die Macht dadurch charakterisiert ist, dass sie sich nicht beobachten lässt. Die wirkmächtigsten Strategien der Macht sind ihre Opazität und die Verschleierung: die Kodizes und Vereinbarungen zwischen jenen, die diese Privilegien teilen, entbehren jeglicher Transparenz, man kann sie nicht sehen, nicht nachweisen und noch viel weniger ›ethnographieren‹. Die Art und Weise, in der die Macht paktiert und entscheidet, bleibt unzugänglich für diejenigen, die nicht zu ihrem engen Zirkel gehören. Was man aber tun kann, ist, Wetten darauf abschließen, was hinter dieser Vielzahl von Episoden steckt, der Vielzahl von einzelnen Ereignissen, die als solche durchaus sichtbar sind, die in den Zeitungen und in anderen Medien verbreitet und von den Leuten erzählt werden. Ich habe diese offensichtlichen Ereignisse als »Epiphänomene« bezeichnet, im Sinne von Effekten von Entscheidungen der Macht. Im Fall von Ciudad Juárez sprechen wir von Leichen, die von Familienmitgliedern oder Dorfbewohnern aufgefunden werden, nachdem die Polizei sie bei ihrer Suche nicht gefunden hatte, von Polizisten, die Beweise verwechseln, die Körperteile verwechseln, die Leichname und ihre Kleidung durcheinanderbringen, und die sich bei der Lokalisierung eines Grabs im Ort irren, wenn es darum geht, im Rahmen der Untersuchung eine Exhumierung vorzunehmen. Die Menge an Irrtümern weist auf die Existenz von Personen – man könnte auch Autoritäten sagen – hin, die kontinuierlich daran arbeiten, dass die Fälle nicht aufgeklärt werden. Eine Vielzahl von Verbrechen, alle desselben Typs, die über Jahre, ja über ein Jahrzehnt lang, vorgefallen sind und die auch aus Sicht der Hinterbliebenen der Opfer nie offiziell aufgeklärt wurden, können auf unterschiedliche Art gelesen werden. Das ist es, was ich getan habe, und andere Menschen auch. Wie gesagt, es gibt Hypothesen zum Fall Ciudad Juárez, aber keine von ihnen kann bewiesen werden.

Die Mehrheit der Interpretationen ist instrumenteller Art: Serienmörder, Taten gewöhnlicher Vergewaltiger, dominante Partner, männliche Rache, weil die Frauen mehr Arbeit in den *Maquilas* der Gemeinde haben, Organhandel oder die Kommerzialisierung von »Snuff-Filmen« – eine Art Pornographie, die mit dem Tod endet, also sadistische Pornographie. Es gibt eine Vielzahl von Hypothesen und meine ist nur eine davon, allerdings mit einer Besonderheit: Sie zielt nicht auf die Instrumentalisierung des Verbrechens, sie betrachtet die Femizide von Ciudad Juárez in keiner Weise als eine zweckorientierte Gewalt. Sie sieht in ihnen weder einen Ertrag im Sinne des Marktes (der Pornographie) noch einen Gebrauch oder eine

Dienstleistung. Vielmehr verstehe ich, ausgehend von meiner Lektüre der Vergewaltigung in *Las Estructuras Elementales*, diese Art systematischer und wiederholter Angriffe auf die Körper von Frauen samt der Entsorgung der Leichen auf Brachen als Zurschaustellung von Willkür, als Schauspiel der Straflosigkeit vor der gesamten Gesellschaft, der gerichtlichen Souveränität und der ›Eigentümerschaft‹ über ein Territorium und die Körper seiner Frauen als Teil und Emblem dieses Territoriums. Die Eigentümer des Ortes drücken ihre territoriale Kontrolle aus, indem sie ihr Vermögen zum Verschwinden-Lassen, zum Lei-

den-Lassen und zum Töten auf den Körper der Frauen »einschreiben« wie auf eine Tafel oder einen Rahmen. Ich schlage daher vor, den expressiven und kommunikativen Aspekt dieser Angriffe zu entziffern, die heute als »Femizide von Ciudad Juárez« bezeichnet werden. Und ich glaube auch, dass sich hier eine Ausdrucksweise verfestigt, denn von allen Elementen der Kultur ist die Sprache das am meisten automatenhafte Artefakt von allen. Wenn sich eine Ausdrucksweise erst einmal verfestigt hat, dann ist es sehr schwierig, sie wieder aufzubrechen, sie wieder von der ihr zugewiesenen Position wegzubekommen. Wir Frauen mit unseren konstanten Bemühungen, die binäre und »binarisierende« Sprache und die Universalisierung des Artikels und der männlichen Substantive zu destabilisieren, können ein Lied davon singen, denn wir kämpfen permanent mit den verfestigten Ausdrucksweisen und einer Sprache, die unsere Welt »binarisiert«. Genauso stellen für Ciudad Juárez die unzähligen und grausamen Vergewaltigungen, die sexuelle Folterung bis hin zum Tod der Frauen, die Botschaft jener Körper, die in der Wüste, auf Brachen und Müllhalden aufgefunden werden, allem voran eine Sprache dar, mit der die Macht sich mitteilt und sagt: »Hier bin ich.« Das ist meine Lesart, und auf gewisse

Weise war es auch jene der Mütter, die dort waren, und mit denen ich gearbeitet und gesprochen habe.

Aktuell gibt es trotz des Urteils des ›Interamerikanischen Gerichtshofes für Menschenrechte‹ gegen den mexikanischen Staat im ›Campo Algodonero‹-Verfahren* vom November 2009 leider neue Mütter und weitere tote Töchter. Es geschieht etwas, das mich mit großer Traurigkeit erfüllt hat, als ich es in meiner Funktion als Richterin des ›Permanenten Völkertribunals‹ in Chihuahua** bemerkte: der Abbruch der Erinnerung, die Diskontinuität der Erfahrung und der Unterschied zwischen der aktuellen Situation in der Stadt und jener der Zeit, als ich Ciudad Juárez besucht und die hier gerade vorgetragene These aufgestellt habe. Die mir übrigens später bei meinen Kooperationen mit verschiedenen zentralamerikanischen Staaten geholfen hat. Heute werden die Leichname nicht mehr auf »Baumwollfeldern«, wie die Einöden in Mexiko genannt werden, entsorgt, sondern an einem anderen Ort dieser weiten Wüste der nördlichen Grenze: der Gegend von Arroyo del Navajo. Und eine neue Gruppe von Müttern sucht nach ihren Töchtern und kämpft für Gerechtigkeit. Ich befürchte, dass man wieder ganz am Anfang der Debatten steht, die es an diesem Ort im ersten Jahrzehnt des 21. Jahrhunderts bereits gegeben hat. Die Mütter

* 2001 waren auf einer *Campo Algodonero*, dt.: Baumwollfeld, genannten Brache in Ciudad Juárez mehrere ermordete Frauen gefunden worden. Der mexikanische Staat wurde u. a. schuldig gesprochen, den Schutz der Frauen nicht garantiert zu haben.

** Das von staatlichen Instanzen unabhängige ›Permanente Völkertribunal‹ verhandelt seit seiner Gründung 1979 Menschenrechtsverletzungen. 2014 fand im Rahmen der 38. Session mit dem Thema ›Freihandel, Gewalt, Straflosigkeit und Rechte in Mexiko‹ eine Anhörung zu Femiziden in Chihuahua statt.

von damals sind weggezogen, weil man ihre Verwandten ermordete, ihre Familienmitglieder ermordete und sie selbst mit dem Tod bedrohte, oder weil man ihnen hohe Entschädigungen angeboten hat. Und somit hat sich jene Gruppe aufgelöst, die aus Ciudad Juárez eine Stadt gemacht hatte, die für ihren weltweiten Aktivismus bekannt war. Heute ist der hohe Grad der Politisierung der Mütter von Ciudad Juárez, die dem Vorbild der argentinischen Mütter der Plaza de Mayo gefolgt waren, zugunsten konventionellerer Aktionen gewichen.

Jener Moment hingegen hatte das Auftauchen eines neuen Typs von Gewalt gegen Frauen, einer neuen Rolle für ihre Körper, die massenhaft Vergewaltigungen ausgesetzt waren, und ein Verbrechen ganz besonderen Charakters sichtbar gemacht. Das hat mich später dazu veranlasst, andere Fälle in Zentralamerika zu untersuchen und von einer Diskontinuität in der Art des Krieges zu sprechen. Denn der Schaden, der dem Körper der Frauen im Rahmen der ›neuen Formen des Krieges‹ in jenen Gegenden von Lateinamerika zugefügt wird, in denen man die Expansion der ›para-staatlichen Sphäre‹ über immer größere Sektoren der Bevölkerung beobachten kann, ist längst kein ›Kollateralschaden‹ des Konfliktes mehr, wie es in konventionellen Kriegen zwischen Stämmen oder Staaten der Fall war, sondern ein ›strategisches Ziel‹ dieses Krieges.[5]

Es gilt zu verstehen, dass es gewisse Verbrechen gibt, die Frauen betreffen und auf der Straße geschehen, und dass sie nichts mit zwischenmenschlichen oder intimen Beziehungen oder dem häuslichen Kontext zu tun haben, obschon es sich dabei um geschlechterspezifische Verbrechen handelt. Ich habe derartige Verbrechen damals als »öffentliche geschlechterspezifische Verbrechen« bezeichnet, Verbrechen, bei denen die Frau stirbt, nur weil sie eine Frau ist, als Femizide, und später als

»Femigenozide«, damit klar ist, dass es sich um einen anderen Typ als ein intimes Verbrechen handelt. Ich habe auf diese Differenzierung damals, als ich die Situation in Ciudad Juárez aus der Nähe erlebte, enormen Wert gelegt: Wie hätte man denn angemessene polizeiliche Ermittlungsprotokolle erstellen können, ohne diesen Unterschied zu verstehen? Die interessierten Medien und die Mächtigen vermengten in ihren Diskursen alle möglichen Phänomene, die mit der Stellung und der Bedeutung der Frau in der Gesellschaft zu tun haben, aber es ist unmöglich zu behaupten, dass der Körper einer aus Eifersucht ermordeten Freundin das Gleiche sei wie ein Körper in der Wüste nahe der Grenze mit Anzeichen sexueller Folter und kollektiv ausgeführtem Missbrauch. Obwohl beides geschlechterspezifische Verbrechen sind, wird es unmöglich bleiben, Protokolle für polizeiliche Recherchen oder gerichtsmedizinische Untersuchungen in den forensischen Instituten zu entwerfen, wenn wir die Unterschiede nicht im Detail erfassen. Und genauso wenig wird man Richter und Staatsanwälte anleiten können, damit sie die jeweilige Singularität des Verbrechens begreifen, über das sie zu urteilen haben. Wie es zum Beispiel in Brasilien geschieht, wo es weder im feministischen noch im polizeirechtlichen Vokabular gelungen ist, die Idee zu verinnerlichen, dass es eine steigende Anzahl von Frauen gibt, die in nicht häuslichen, nicht intimen Kontexten ermordet werden. Hier wird es weder möglich sein, Ermittlungen weiterzuführen, noch die auf der Straße gefundenen Leichname mit Anzeichen von Grausamkeit und Vergewaltigung, nach denen keine Angehörigen suchen, in die Statistiken aufzunehmen. Diese Femizide werden, solange sie sich dem gemeinen Menschenverstand der Öffentlichkeit sowie dem Verständnis von Polizei und Justiz entziehen, nicht erfasst und sofort vergessen.

Das ist die Aufgabe derjenigen, die auf diesem Feld arbeiten: ein Vokabular zu erfinden, das uns erlaubt, die Differenzen abzubilden, mit denen das Patriarchat agiert. All diese Verbrechen sind Verbrechen des Patriarchats, aber sie sind unterschiedlich hinsichtlich ihres Charakters und der Art und Weise ihrer Entstehung. All diese Verbrechen bringen uns Frauen in eine untergeordnete Position und bedrohen – ohne Zweifel – unser Leben, aber es ist unumgänglich, ihre verschiedenen Formen besser zu verstehen. Das ist es, was ich in Ciudad Juárez begreife, und ich begreife dort auch den Druck, der sowohl durch den Feminismus als auch durch die Medien und die etablierten Mächte der Staatsanwaltschaft und der Polizei entsteht, um uns dazu zu verpflichten, alle Verbrechen in den gleichen Topf, in die gleiche Kategorie zu werfen.

Was die ermordeten Frauen von Ciudad Juárez erlitten haben und was Frauen dort und an vielen anderen Orten erleiden, gehört nicht ins Reich der Intimität der eigenen vier Wände oder der Beziehungen. Darin kommen vielmehr die Geschäfte und die territoriale Kontrolle der Mafien und die verschiedenen Arten von ›Para-Staaten‹ zum Ausdruck. Trotzdem wird all das, was uns Frauen widerfährt, in den Bereich der Intimität, in den Bereich des Privaten geschoben, und so, wie wiederholte Male festgestellt worden ist, aus dem Schutzraum des Rechts herausgedrängt. Und dies ist eine Folge der Minorisierung der Frauen und der Privatisierung des häuslichen Raums im Zuge der Kolonial-Moderne. Es ist sehr schwer, sich aus dieser Enge des Intimen zu befreien, die uns verletzt – bis hin zu tödlichen Angriffen –, denn unsere Minorisierung und die Privatisierung haben sich in der popularen Vorstellungswelt, im kollektiven Unbewusstsein sehr tief eingeprägt. Und diese Vorstellung wird tagtäglich erneuert. Das führt dazu, dass unser Schicksal nicht als ein politisches oder öffentliches Schicksal betrachtet wird, sondern als ein privates, ein intimes Schicksal. So wird all das, was wir erleiden, und sei es ein Mord, was ein vollständig öffentlicher Akt ist, sofort in ein Vokabular, eine Erklärung, ein Verständnis übersetzt, das dem Feld der Intimität angehört. Dagegen anzukämpfen ist keine einfache Aufgabe. Warum? Weil das, was uns widerfährt, aufgrund der binären Verengung, die der moderne Humanismus bewirkt hat, nicht einem allgemeinen Interesse folgt. Es ist kein universelles Thema. Das binäre Schema der Kolonial-Moderne trennt die Welt in Themen von allgemeinem Interesse und universellem Wert, jenen des paradigmatischen universellen Subjekts, also *des* Mannes – die Wirtschaft, die Politik, die Wissenschaft und die Technik – einerseits und Themen von speziellem Interesse, von Minderheiten, also Themen jener zu Minderheiten gemachten Subjekte, auf die ich mich heute bezogen habe, andererseits. In dieser falschen und verhängnisvollen Klassifizierung liegt die Ursache dessen, was uns verletzlich und unsichtbar macht. Es ist dieser strukturelle Binarismus, der uns daran hindert, nach Gerechtigkeit und Wahrheit für unsere Themen zu suchen und sie zu erlangen, die immer in die Schublade eines Spezialinteresses gedrängt werden. Es ist dieser identitätsstiftende Binarismus des modernen Westens, gegen den wir uns auflehnen müssen. Es gibt *das* ›universelle Subjekt‹ nicht und es gibt keine Themen von allgemeinem Interesse und universellem Aussagewert. Und falls es sie doch gibt, dann sind es gerade unsere Themen.

Unter dem Begriff des Femigenozids können wir eine große Anzahl von Verbrechen subsumieren, die mit para-staatlichen Formen des Agierens zu tun haben und heute deutlich ausdifferenzierter sind als in den siebziger Jahren: eine breite Palette von Formen der Gewaltausübung und der Kontrolle über vulnerable Bevölkerungsgruppen, angefangen bei repressiven Kriegen, sogenannten »internen Konflikten« und staatlichem Terrorismus, über die Reproduktion des Staates durch Formen staatlicher und para-staatlicher sozialer Kontrolle mittels seiner Vertreter, bis hin zur Ausbreitung von bewaffneten Korporationen mafiösen Typs, mit ihren Tentakeln und kommunizierenden Röhren in die Spitze des Staates hinein. Hier kommt der Begriff ins Spiel, den ich im bereits zitierten Essay benutzt habe, die Kategorie der »neuen Formen des Krieges«. Im Fall von Cuidad Juárez hatte ich nämlich zunächst nicht begriffen, dass diese in die Wüste geworfenen Leichname das Produkt eines Krieges zwischen Mafiagruppen waren, sondern betrachtete sie als Botschaften ihrer Macht, die sie untereinander austauschten und an die Gesellschaft sandten. Eine Gesellschaft an der Grenze zwischen zwei Welten, die – so zumindest im Jahr 2004 – lediglich durch den Río Grande bzw. Río Bravo getrennt, wie die Amerikaner einerseits und die Mexikaner andererseits den Fluss nennen (der übrigens weder besonders groß noch besonders wild ist). Auf der mexikanischen Seite gibt es die *Maquiladoras*, die einen enormen Reichtum produzieren. Die Eigentümer dieses Reichtums, die Unternehmer von Ciudad Juárez, leben fast alle in El Paso, Texas. Es ist eine Grenze zwischen zwei Welten: die Welt, in der es die Dinge gibt, von denen Menschen träumen, und die Welt der Wüste und des prekären Lebens. Diese Grenze zieht auch eine Trennlinie: Hier endet nicht nur Mexiko, sondern unser ganzer lateinamerikanischer Kontinent, und hier beginnt der Norden. Über diese Grenze hinweg bewegt sich eine große Menge an Reichtum, der auf unserer Seite produziert und auf der anderen Seite akkumuliert wird. Man kann sich die Landkarte wie eine große

Rutschbahn vorstellen, auf der das Kapital, das aus unseren Territorien gewonnen wird, in Richtung Norden gleitet. Über diese Grenze hinweg werden Körper, Drogen und Kapital gehandelt. Es ist eine sehr gut gesicherte aber gleichzeitig auch eine durchlässige Grenze, und diese Durchlässigkeit erfordert einen Pakt des Schweigens und mafiöse Loyalitäten, die ich mit dieser Art von Tod in Verbindung bringe. Es braucht – wie ich in *La Escritura* argumentiere – eine, nicht immer freiwillige, Beteiligung an einer Art von Verbrechen, die diesen rigorosen Pakt besiegelt.

So differenziere ich und löse diese Art von Verbrechen von
jeglicher Erklärung ab, die mit Begehren, Lust und Sexualität zu tun hat. Meine Erklärung ist nicht libidinös, und falls die libidinöse Besetzung existiert, dann befindet sie sich in dem korporativen Pakt, männlich-mafiös, und nicht im Körper der Geopferten. Deshalb ist der Ausdruck »Sexualverbrechen« problematisch, denn er führt uns zu einem irrtümlichen Verständnis von dem, um was es geht. Die Motivation dieser Verbrechen ist nicht sexueller Art, obwohl es Verbrechen sind, die mit sexuellen Mitteln begangen werden. Warum? Weil man mittels der sexuellen Unterwerfung die Person und die Gesellschaft, die sie beherbergt, moralisch vernichtet. Das Sexualverbrechen ist ein schändendes Verbrechen, imstande das moralische Vertrauen zu zerstören und eine ganze Gesellschaft zu schwächen. Das ist deshalb so, weil die Sozialmoral in einer archaischen Vorstellungswelt eng mit der Fähigkeit des Vormunds verknüpft ist, den Körper der Frau zu schützen. Diese archaische Vorstellungswelt ist nur sehr schwer zu demontieren. In ihrem Zentrum steht die Annahme, dass wir Frauen keine vollständigen Menschen sind, denn so sehr wir es auf der einen Seite sind, so sehr sind wir auf der anderen Seite Symbole, das heißt Re-

präsentantinnen der Integrität unserer *Pueblos* und ihrer Gemeinde. So sehr ein sexueller Angriff auf den Körper einer Frau einerseits unzweifelhaft ein Verbrechen gegen ihre Person ist, so sehr ist es andererseits auch eine Schändung der Gesellschaft, der sie angehört, ihrer Familie, ihrer Gemeinde und auch des Staates, also all jener Instanzen, welche die Fähigkeit besitzen müssten, sie zu schützen. Von der Position der Frau hängt eine umfassende soziale Verflechtung ab. Deshalb sage ich, dass die Frau eine Person ist, aber auch, dass sie es nicht ist. Denn die Vergewaltigung ist auch ein Angriff auf den Vormund oder den Aufseher, auf jenen Mann, der die Pflicht hat, Moral und Ehre zu bewachen, also sich um diesen Körper zu sorgen und ihn zu beschützen. Es ist eine Herkulesaufgabe, dieses Glaubenssystem auseinanderzunehmen, aber es ist die Aufgabe, die wir vor uns haben. Es ist die Aufgabe der Demontage des Paktes der Männlichkeit, der die sexuelle als eine moralische Aggression einfärbt, indem er ein Szenario der Macht und der moralischen Unterwerfung entwirft, das in der Idee eines moralischen Sieges über das Opfer und sein soziales Umfeld mündet. Fragen wir uns denn, warum der Angreifer von der Gesellschaft als jemand betrachtet wird, der moralisch vom Kurs abgekommen ist, und ja, sogar als ihr Opfer? Es ist der Pakt der Männlichkeit, diese patriarchale Atmosphäre, die wir in der schon langen Phase der patriarchalen Vorgeschichte der Menschheit atmen, die diesem Verbrechen den Stempel einer Schändung und eines kriegerischen Triumphes aufdrückt. Wie es schon die Gefangenen im Gefängnis von Brasília formuliert hatten, war ihr Verbrechen keine Handlung mit dem Ziel, ein dringendes Bedürfnis zu befriedigen, sondern etwas Anderes. Dieses Andere werden wir nur dann erklären können, wenn wir die korporative und fordernde Beziehung verstehen, die sich unter den Männern, den Komplizen in der Männlichkeit etabliert, und die Manneshaftigkeit und Virilität, definiert als Fähigkeit zu Grausamkeit, Aneignung und Raubgier, einfordert. Vergewaltigung, Raubgier und Konsum sind Konzepte, die Teile des gleichen Gefühlsuniversums bilden. Die Vergewaltigung ist die Konsumtion eines Körpers: imstande zu sein, ihn zu konsumieren und sich von dem Tribut zu nähren, den er leistet. Die Begründung ist nicht sexueller Art: Sie ist politischer Art und hat mit der Notwendigkeit zu tun, Macht durch Kontrolle über ein Körper-Territorium zu demonstrieren.

Ich bin häufig nach Zentralamerika und nach Mexiko gereist. Ich habe mit den feministischen Bewegungen in El Salvador, Guatemala, Honduras, Nicaragua und Costa Rica zusammengearbeitet. In diesen Ländern hat sich mein Verständnis dieser Art von Phänomen natürlich erweitert, und ausgehend von der Beobachtung dessen, was mit den Körpern der Frauen geschieht, habe ich den Gedanken formuliert, der zur Diagnose der gegenwärtigen Zeit als einer »apokalyptischen Phase des Kapitals« führt und von einem ›Zweiten Staat‹ spricht. Diesen habe ich später als ›Zweite Realität‹ beschrieben, im Sinne von para-staatlichen Strukturen, die ihre Kontrolle in einigen Gegenden des Kontinents weiter ausweiten. Damit beziehe ich mich darauf, dass es in Gegenden, in denen das Leben prekär ist und der Staat nicht so präsent ist, wie es politikwissenschaftliche Handbücher definieren, also dort, wo er das Leben der Menschen nicht schützt, nichts erschließt, nicht aufklärt und nicht behütet, die Menschen einem ›Zweiten Staat‹ im Sinne einer unterirdischen Entität mit eigenen Gesetzmäßigkeiten und eigenen für die Ordnung in diesem verborgenen Territorium zuständigen Sicherheitskräften, ausgeliefert sind. Dieser Gedanke ist viel diskutiert und seitens der Juristen anfänglich kaum angenommen worden, denn es fällt ihnen schwer zu akzeptieren, dass ein einziges und universelles Gesetz nicht für das ganze Land gelten soll. Mit der Zeit änderte sich das. Und ich habe die Formulierung verändert und bin dazu übergegangen, von einer ›Zweiten Realität‹ zu sprechen.

Die ›Erste Realität‹ ist diejenige, in der man das deklarierte Geld, die Banken, die Steuern, die offiziell gezahlten Gehälter vorfindet, also die für den Staat sichtbaren Güter und Vermögenswerte, und vor allem die Gesetze, welche die Gesellschaft schützen, und auch die für die gesetzmäßige Gewaltausübung

zuständigen Ordnungskräfte. Aber es gibt auch eine zweite Ökonomie, jene in der ›Zweiten Realität‹, bestehend aus den nicht deklarierten Vermögen und Gütern. Welche aber sind die Vorschriften und die Formen der Kontrolle, der Überwachung und der Sicherheit für diese Reichtümer, deren Ausmaß nicht ermittelbar ist, das aber größer sein könnte als jenes der deklarierten Reichtümer, und wo werden diese Gesetze erlassen? Wie garantiert man also die Überwachung dieser Güter und Vermögen in der ›Zweiten Realität‹? Wer beschützt sie? Sie werden durch die Grausamkeit garantiert, durch die Demonstration und die Zurschaustellung des Terrors in einem Regime strikten Gehorsams. Das ist es, was wir an verschiedenen Orten auf unserem Kontinent beobachten können, eine Szene, die sich ausdehnt, wächst. 1994 hat die Weltkonferenz über grenzüberschreitende Organisierte Kriminalität der Vereinten Nationen geschätzt, dass allein der Drogenhandel jährlich höhere Gewinne abwirft als alle globalen Öl-Transaktionen zusammen. Das verschafft uns eine Idee von der Bedeutung dieser zweiten Wirtschaft.[6] Wenn allein die Drogen einen solchen Reichtum produzieren, wie sehr steigt dann der Gewinn, der durch Menschenhandel, Handel mit Ephedrin und legalen Arzneimitteln, mit Waffen, mit Einfluss und vielen anderen Dingen produziert wird? Es existiert in großen Teilen unseres Kontinents, Brasilien eingeschlossen, ein kriegerisches Universum, das nicht benannt wird. Wenn wir bedenken, dass gemäß den jüngsten Daten der Vereinen Nationen von 2016 – also bis 2015 erhobene Daten – von den 50 gewalttätigsten Städten der Welt die meisten in Lateinamerika liegen und allein 21 von ihnen in Brasilien, dann stehen wir Daten von Kriegen gegenüber, die weder mit einer Schlägerei an der Straßenecke oder in einer Bar noch mit persönlichen Fehden oder kleinen Kaufhaus-Diebstählen irgendetwas zu tun haben. Wenn man die Zahl der Menschen betrachtet, die dabei zu Tode kommen, dann muss es eine Kriegsmaschinerie hinter den Kulissen geben. Das heißt, wir haben es mit einem sich ausweitenden kriegerischen Szenario zu tun, das aber nicht den Namen »Krieg« trägt. Wir nehmen es nur in den Randspalten der Zeitungen wahr, während die Hauptartikel sich mit Politik, Wirtschaft, Gesellschaft oder Außenpolitik beschäftigen. Doch wenn wir aufmerksam sind, dann werden wir sehen, dass dieses kriegerische Szenario mit der Akkumulation von Kapital zu tun hat, sprich, es erzeugt Akkumulation auf einem Niveau, das jenem des Kapitalismus an der Oberfläche gleichkommt. Man kann also heute davon ausgehen, dass das Kapital unten und oben produziert wird, dass es eine Akkumulation großen Ausmaßes gibt, die sich im Untergrund der Realität abspielt, in einer ›Zweiten Realität‹, die ›Eigentümer‹ hat. Und diese Realität ist mit dem Tod verknüpft und drückt sich in der willkürlichen Unterwerfung jener Körper aus, die in der kriegerischen Auseinandersetzung um Interessen keine Rolle spielen, in den »unschuldigen« Körpern der Frauen und auch der Kinder, in denen die Grausamkeit als Botschaft isoliert wird.

In meiner Analyse von Ciudad Juárez habe ich behauptet, dass die Unternehmer mit einem Fuß in der legalen und mit dem anderen in der illegalen Wirtschaft stehen und die Gewinne an dieser Grenze Richtung Norden fließen. Ich bin damals von denjenigen kritisiert worden, die meinten, dass sich das Geld nicht ›cash‹, nicht als Naturalie, sondern in virtueller Form bewegt. Eine Weile danach, 2016, sah ich rein zufällig während eines 14-stündigen Aufenthalts im Flughafen von Bogotá folgende Fernsehnachricht im VIP-Raum: Eine Gruppe von Stewardessen der Fluggesellschaften Avianca und LAN hatten in doppelten Böden von Koffern, die bei der Durchleuchtung mit Röntgengeräten nicht zu sehen waren, Millionen von Dollars aus verschiedenen Formen der Organisierten Kriminalität in die USA gebracht und waren durch eine neue Technologie aufgeflogen. Noch vor diesem Zwischenfall, als ich meinen Text über neue Formen des Krieges vorbereitete,[7] war ich auf die ›Erklärung‹ eines US-amerikanischen Staatsanwalts gestoßen – veröffentlicht in der *New York Times* und in meinem Buch zitiert –, in der er behauptet, dass die Justiz seines Landes nicht die Geldwäsche in allen Banken des Landes überprüfen kann, weil das die gesamte Wirtschaft des Landes aus dem Gleichgewicht bringen würde. Das heißt, man kann sie deshalb nicht prüfen, weil ein Teil der Wirtschaft des Nordens von dieser Rutschbahn abhängig ist, auf der der Reichtum von Süden nach Norden gleitet.

Noch dazu handelt es sich hierbei auch um einen Schlag gegen die Demokratie, das ist der andere Aspekt des Arguments. Ein hochrangiger Beamter der brasilianischen Bundespolizei hat gegenüber der Zeitung *O Globo* in etwa Folgendes gesagt: In Brasilien gibt es keinen Kandidaten, ganz egal, ob er im politischen Spektrum links, im Zentrum oder rechts verortet ist, der sich heute einer Wahl stellen könnte, ohne in seiner Wahlkampagne auf eine Kasse zurückzugreifen, deren Ursprung nicht deklariert werden kann. Und ich glaube, das gilt für Lateinamerika im Allgemeinen. Eine Wahlkampagne führt man also mit Ressourcen, die aus dieser ›Zweiten Realität‹ stammen. Somit hängt jeder Wahlsieg von den Vereinbarungen ab, die in diesem Milieu getroffen werden. Die Kontrolle über die Parteipolitik und die Kaufkraft sind daher eng miteinander verknüpft. Die republikanische Demokratie und ihre Repräsentanten sind also mit den Bordellen des Menschenhandels verbandelt, aus denen die Wahlkampfkassen ihre Mittel schöpfen. Es sind Leistungen, die entweder als »Einnahmen« von Bestechungen durch die Polizei oder direkt als »Geschenke« oder »Abgaben« aus der Organisierten Kriminalität in die Wahlkampfkassen jener Politiker wandern, die für repräsentative Ämter kandidieren, und so den Wahlkampf beeinflussen. Das bedeutet, in der ›tatsächlichen Demokratie‹, der Demokratie der ›Realpolitik‹* besteht in Wahrheit kein politischer Wille, diese Formen der Bereicherung zu begrenzen, die später in den Geldschränken der Politik und ihrer Spitzenkräfte landen. Dazu tragen Bordelle ebenso wie Handel und Schmuggel in allen erdenklichen Formen bei, mit allerlei Gütern, mit Spielhöllen und mit allen Einrichtungen, in denen es unmöglich ist, die Einnahmen zu kontrollieren, die Kirchen eingeschlossen … denn wer kann schon die Kollekte kontrollieren?

Man kann also von einer wachsenden Para-Staatlichkeit sprechen, von einer Art, das Leben einzufangen, oder – in anderen Worten – von Formen der Verwaltung des Lebens und der Kontrolle des Reichtums, die, obschon nicht losgelöst von

* Im Orig. deutsch.

ihr, in einer anderen als der staatlichen Sphäre operieren, eben in einer ›Zweiten Realität‹. Daraus ergibt sich die Notwendigkeit, der Gesellschaft Signale zu geben, dass ›dort irgendetwas‹ am Werk ist, etwas ausgebrütet wird, sich etwas andeutet, dass etwas lauert, wie das Schlangenei, gleichermaßen geheim und doch sichtbar. Auf der sichtbaren Seite erscheint eine Macht, die existiert und ihre Regeln und Urteile diktiert, und auf der unsichtbaren Seite befindet sich die Art und Weise, in der sich diese Macht konstituiert, speist und reproduziert. Diese unsichtbare Seite spült aus dem Schatten heraus leblose Frauenkörper an die Oberfläche, als Beleg ihrer Fähigkeit, das Leben zu kontrollieren und über es zu bestimmen. Die Botschaft könnte nicht eindeutiger und einfacher zu verstehen sein.

Deshalb bin ich überzeugt, dass es ein Fehler ist, das, was uns Frauen passiert, auf das Feld der Intimität zu reduzieren. Und genauso glaube ich – und das habe ich schon oft gesagt –, dass es falsch ist, dieses Thema zu ghettoisieren, denn wir müssen es als einen Seismographen der Zeit begreifen, als einen Gradmesser, mit dessen Hilfe wir die historische Phase, die wir gerade durchleben, diagnostizieren. Die wachsende Grausamkeit stellt – nicht nur durch die Art, in der die frauenverachtenden Verbrechen begangen werden, sondern auch durch die Art, in der die Körper auf Müllhalden oder in Senkgruben entsorgt werden – die totale offensichtliche Missachtung des Lebens dar. Und sie demonstriert auf deutlichste Weise eine Fähigkeit zur Gleichgültigkeit, die nicht mal mehr Verwunderung auslöst. Lernen, nicht zu fühlen, den eigenen oder fremden Schmerz nicht zu erkennen, und desensibilisiert zu werden in der Hitze der Gefechte, die das korporative Mandat der Männlichkeit und die bewaffneten Bünde verschiedenen Typs fordern, seien sie staatlicher oder para-staatlicher Natur – all das schmiedet eine psychopathische funktionale Persönlichkeit in dieser historischen und apokalyptischen Phase des Kapitals. Die Welt der ›Eigentümer‹, in der wir leben, braucht empathielose Persönlichkeiten, Subjekte, die unfähig sind, Erfahrungen mit Perspektivwechsel zu machen, also unfähig, sich in den Anderen hineinzuversetzen. Es geht nicht einfach um Gewalt, sondern um einen ganz bestimmten Typus von Gewalt, bei dem sich der Sieg, die Vernichtung, nicht durch den Tod eines Menschen einstellt, sondern durch die Entwendung der Menschlichkeit des Getöteten. Töten als Diebstahl der Sakralität des Lebens, töten ohne Konsequenz, denn das Leben dieses Wesens war nur ein Ding und seine Überbleibsel sind nur Abfall. Töten, ohne dass es ein Tod, ein menschlicher Tod, ist. Es sind Tode ohne Ritual, die uns sehr an die von Giorgio Agamben so gut analysierte Figur erinnern, den *Homo sacer*: Seine Eliminierung ist kein Tötungsdelikt, ihn umzubringen kein Verbrechen.

Zu den Fragen.

Du meinst also, vom Staat ist im Grunde nichts zu erwarten?
Segato: In einer Welt der ›Eigentümer‹ ist eine unmittelbare Konsequenz die institutionelle Unzulänglichkeit, denn die Institutionen kollabieren angesichts der unbegrenzten Kaufkraft der Eigentümer. Diese Welt der ›Eigentümer‹, die von unternehmerischen Intelligenzen beraten werden, spezialisiert sich darauf, jene Risse zu suchen, an denen die Institutionen einbrechen und durchlässig werden könnten. Ich sage nicht, dass wir vom Staat nichts zu erwarten hätten, und auch nicht, dass wir uns komplett aus jedem Kampf auf staatlicher Ebene zurückziehen sollten. Was ich sage, ist, dass es ein amphibischer Weg sein muss, das heißt ein Weg innerhalb und außerhalb des Staates. Die institutionelle Unzulänglichkeit in unseren

Ländern hat eine sehr lange Geschichte. Unsere *Criollo*-Staaten, unsere republikanischen Staaten, ersonnen von *Criollo*-Eliten, die eher auf Kontinuität denn auf Brüche setzten, um sich das koloniale Erbe zu sichern, wurden mit einem bestimmten Augenmerk hinsichtlich der Fähigkeit zur Aneignung konstruiert. Es ist ein Merkmal unserer Geschichte und des Wesens unserer republikanischen Staaten: Sie wurden konstruiert, damit eine erbende Elite, die *Criollo*-Elite, jene Güter verwalten würde, die aus den Händen der überseeischen in die Hände der lokalen Verwaltung übergegangen sind. Das bedeutet, diese Nationalstaaten sind von Beginn an, also seit ihrer Gründung, fragil und anfällig für die Vereinnahmung und Aneignung durch Eliten. Auf der anderen Seite ist selbst bei den populärsten Regierungen, wie im Falle der progressiven, die wir gehabt haben, der Blick des Staates auf die Geschichte kurzsichtig: Man liefert das Territorium dem Extraktivismus aus, schließt auf dem Rohstoff-Weltmarkt schnelle Wetten ab und greift so die Verwurzelung in der Kommune und mit dem Territorium an sowie die Ernährungssouveränität der Menschen. Und zwar mit dem Ziel, dass Devisen reinkommen, die eine Ausweitung des Konsums als eine Art des »Fortschritts« und der Bereicherung nach sich ziehen sollen. Die Menschen, die an den Rändern gelebt haben, in den Dörfern, die kleinbäuerlich-indigene Welt, die »Welt der Weiler«, wie ich sie genannt habe, jene Welt, die weiterhin kommunitär organisiert ist und kollektive Existenzformen aufrechterhält, sie sieht die Geschichte auf viel längere Sicht, in einer längeren Zeitspanne, und sie versteckt sich vor dem Staat: Sie nehmen vom Staat das, was sie brauchen können, und weiter nichts. Ich habe sie als »Kommunen mit angelehnter Türe« bezeichnet, denn sie haben über Jahrhunderte in einer Art

Klandestinität gelebt, in einem Modus des Sich-Verbergens, Sich-Verstellens oder der Unsichtbarkeit als Überlebensstrategie. Jetzt, wo die multikulturelle Phase nach dem Kalten Krieg ihnen sagt, »Werdet sichtbar! Sagt, wer ihr seid! Identifiziert Euch! Klassifiziert Euch: *Schwarze*? *Indios*? Frauen?«, werden sie aufgefordert, ihre Strategie, die sie bis heute hat überleben lassen, aufzugeben.[8] Denn mit der Gründung der *Criollo*-Republiken beginnen viele indigene *Pueblos* sich zu verstecken und begeben sich in das, was man als ein sehr langes Leben in Klandestinität betrachten muss. Sie haben ihre außergewöhnliche strategische Intelligenz bewiesen, als sie erkannten, dass diese Republiken, die sie zum Kampf in den Unabhängigkeitskriegen aufgerufen hatten, ihr Wort nicht halten und mehr verlangen würden. *Schwarze* und Indigene haben ihre Deckung in Bezug auf den Staat nie aufgegeben, nie vergessen, dass die Fäden des Staates in den Händen einer verräterischen *Criollo*-Führungselite zusammenlaufen. Knapp formuliert, könnte man sagen: Der Staat ist der Andere und er hat ›Eigentümer‹. Falls er mir Ressourcen anbietet, dann mache ich die Türe halb auf, nehme sie an und mache sie ganz schnell wieder zu. Ich lasse keine Einmischung zu, ich bleibe in der verborgenen Falte. Denn der Staat hat eine *Criollo*-Geschichte, die niemals den erhofften Bruch in Bezug auf die koloniale Ordnung vollzogen hat. Der Staat hat die Exteriorität in Bezug auf den Bürger nie verloren, was genau der kolonialen Beziehung entspricht. Alle unsere Karten auf das staatliche Feld zu setzen, ist ein Fehler, und genau das ist es, was uns die ›amefrikanischen‹ oder ›afro-indigenen‹ *Pueblos* mit ihrer strategischen Intelligenz und ihrer Fähigkeit, fünfhundert Jahre der Massaker zu überleben, gelehrt haben. Das gesagt, würde ich Folgendes hinzufügen: Hat man je einen Staat gesehen, der sich für die Wiederherstellung des kommunitären Geflechtes eingesetzt und diese betreut hätte? Hat man je gesehen, dass er die Kommunität wieder etabliert?

Ich glaube, dass der Prozess der Konquista nie beendet worden ist. In meinem Gutachten für das Gerichtsverfahren im Fall Sepur Zarco in Guatemala konnte ich belegen, dass der repressive Krieg des autoritären Staates der achtziger Jahre gegen die *Pueblos* der Maya der Konquista im 16. Jahrhundert sehr ähnlich war: das gleiche Schauspiel der Barbarei wie das der Eroberer im amerikanischen Genozid. Alle Regionen des Konti-

nents, in denen Gemeinden das Territorium besiedeln, leben in der ständigen Bedrohung durch Angriffe von bewaffneten Gruppen, Banditen und Auftragsmördern, finanziert von Unternehmen, deren Interesse es ist, ihre Gebiete zu erobern. Die Methoden unterscheiden sich kaum von jenen der Konquista der Neuen Welt, deren tatsächliche Aktionen sich nicht – wie es die Geschichtsbücher lehren – unter Achtung und Einhaltung der ›Gesetze der Indias‹* vollzogen, sondern von losen Banden durchgeführt wurden, die keinerlei Gesetz respektierten und die Dörfer, durch sie sie zogen, dezimierten, um das Land für ihre Aneignung freizuräumen. In Brasilien waren die berühmten und verehrten ›Bandeirantes‹** genau dies und nichts anderes: Sie haben ihre Fahne inmitten allgemeiner Regelwidrigkeit in die Erde gesetzt. Daher habe ich, ohne das fruchtbare Modell der ›Kolonialität‹ weniger hoch zu schätzen, begonnen,

* Als *Leyes de Indias* werden die Gesetzesbücher bezeichnet, die die Spanische Krone ab dem 16. Jh. für ihr Kolonialreich veröffentlichte.

** Dt.: Banner- oder Fahnenträger, von portug.: *bandeira*, Fahne; bezeichnen portugiesische Expeditionen in Brasilien ab dem 17. Jh. auf der Suche nach Bodenschätzen und Sklaven.

von permanenter ›Konquistualität‹ zu sprechen, denn ich sehe heutzutage unter uns den ›modus operandi‹ der Konquista in vollem Gange.

Auf der anderen Seite sind Staat und Unternehmen zwei Seiten der gleichen Medaille. Der Diskurs der Menschenrechte bemüht sich um eine Einhegung, um so den Staat vor dem Druck der Unternehmen abzuschirmen und zu schützen. Aber gelingt ihm das? Was ist der Wirkungsgrad dieses Diskurses und wie groß die Effizienz seiner Methoden? Das muss kontinuierlich evaluiert werden, denn obwohl das staatliche Feld nicht aufgegeben werden sollte, müssen wir so objektiv wie irgend möglich sein, um die Fragilität des Menschenrechtsdiskurses in Bezug auf diese große Allianz zwischen dem Staat und den Unternehmen zu beurteilen. Die Frage wäre: Wie können wir uns eine Führung, eine Regierung, irgendeine Form der Verwaltung vorstellen, in der weder der Pakt mit den Unternehmensinteressen noch die Ausrichtung auf den globalen Markt und die in ihn gesetzten Erwartungen die Politik leiten? Ein möglicher Weg wäre, von den *Pueblos* zu lernen, die es geschafft haben, sich ihr Leben unter Bedingungen schlimmster Massaker zu bewahren. Ein Netz kommunitärer Unterstützung, das mithilfe von Familienmitgliedern und Nachbarn die Verletzlichsten rettet und so das komplette Elend verhindert. Unter uns, auf unserem Kontinent und auch in den Großstädten gibt es Existenzformen, die ich als eigene »Techniken der Soziabilität« charakterisiert habe, mit kollektivistischen und kommunitären Wurzeln, Überreste und Fragmente eines Geflechts, die für das historische Projekt des Kapitals nicht funktional sind, weil sie weder produktivistisch noch konsumistisch sind und sich an Beziehungen und nicht an Dingen, Bereicherung und Gewinn orientieren. Ausgehend von diesen Fragmenten gilt es, die Formen oder »Techniken« der Soziabilität, der Affektivität und auch der Körperlichkeit zu rekonstruieren, die in diesen Nischen ihre Vitalität bewahren. Das ist deshalb wichtig, weil die Antworten und die zu beschreitenden Wege aus der Gesellschaft und nicht vom Staat kommen werden.

Was wäre die Rolle der Intellektuellen, um in diesen Räumen der gemeinsamen Gestaltung arbeiten zu können, ohne wieder im Staatlichen oder in den Unternehmen zu landen? Und wo entspringt in diesem Szenario die Führungsrolle, wenn das Politische zerstört ist?

Segato: Ich habe lange darüber nachgedacht, wie meine eigene Rolle aussehen sollte. Auf der einen Seite eine Art Demut oder Disponibilität gegenüber den Ansprachen jener an den Tag zu legen, die in der anthropologischen Arbeit vormals als die »Eingeborenen« galten: also sich Fragen stellen lassen und das zur Verfügung stellen, was wir zu tun imstande sind. Die andere Aufgabe ist die, ein Vokabular, eine Rhetorik von Wert zu erzeugen. Unsere Welt verfügt – wie gerade gesagt – über ›Techniken der Soziabilität‹, die für die Bewahrung des Lebens von großem Wert sind, und Teile der Gesellschaften treffen eine Wahl, die in Bezug auf Produktivismus und Akkumulation abweichend, gegenläufig und dysfunktional ist. Es ist also denkbar, zwei Welten einander gegenüberzustellen, die um zwei große historische Projekte mit ihren je eigenen und unterschiedlichen Zielen in Bezug auf Glück und das gute Leben organisiert sind: Die eine davon zielt auf eine Selbsterfüllung, in deren Zentrum »die warenförmigen Dinge« stehen: Das ist das historische Projekt des Kapitals. Die Formen des Glücks der anderen Welt sehen ihr Zentrum in der Soziabilität und dem Feld der Beziehungen. Sind wir, vielleicht sogar viele von uns, bereit, Reichtum

und Konsum für andere Formen des Glücks und Wohlbefindens zu opfern, die von Investitionen in ein Beziehungsgefüge abhängen, in der eine Reziprozität die kommunitären Verbindungen zusammenhält? Auf unserem Kontinent existiert diese Option und man kann sie beobachten. Aber es mangelt uns an Rhetoriken von Wert. Die Welt des Nordens, jene der eurozentrischen Werte, hat eine unglaublich wirkmächtige Rhetorik: Produktivitätssteigerung, Entwicklung, wirtschaftliches Wachstum haben sich als zwingende, indiskutable Werte durchgesetzt – sie sind über jeden Zweifel erhaben. Das liegt daran, dass ihre Rhetorik täglich über die Medien und in der Erzie-
hung und Bildung kanalisiert wird. Diese Werte sind ein funktionaler Beitrag für das historische Projekt des Kapitals. Dem anderen Projekt mangelt es an Rhetoriken. Obwohl es in der Erfahrung der Menschen existiert, waren wir weder dazu fähig, seine Merkmale, seine Produktions- und Reproduktionsmechanismen zu identifizieren, noch es mit einem wirkmächtigen Vokabular auszustatten. Wir wissen nicht, wie wir mitteilen sollen, auf eine andere Art des Glücks zu setzen, nämlich auf Investition in die Dauerhaftigkeit einer Welt, in der Bindungen Priorität haben. Wir wissen nicht, wie wir bekräftigen sollen, dass es einen Wert gibt, der im Prinzip und in der Logik der Verbundenheit liegt. Denn man hat uns das Vokabular dafür gestohlen, ohne dass wir es gemerkt hätten, und wir waren nicht imstande, es aus der Erfahrung und aus unseren tagtäglichen tatsächlichen Entscheidungen heraus zu rekonstruieren. Wir wissen nichts über die Arten des Wohlbefindens, die es zwischen uns gibt und die unsere »Techniken der Soziabilität« ausmachen, und auch nicht, wie wir in ihrem Sinne und damit gegen all das, was sie verdrängt, argumentieren sollen. Das ist die Aufgabe der Intellektuellen: einen Beitrag zu leis-

ten durch die Verbalisierung und die Ausformulierung solcher wirkmächtigen Rhetoriken, die uns fehlen.

Was die Frage der Führung betrifft, gibt es, glaube ich, zwei Typen: Denjenigen, der sich in einen politischen Führer verwandelt, der Privilegien und mehr Rechte als der Rest der Gemeinde erhält, da er in der Machtposition eines Kaziken ist, und denjenigen, der im Bewusstsein dieser unanständigen Möglichkeit Strategien findet, um sie zu verunmöglichen und um sich zu schützen. In vielen kommunitär organisierten Universen gibt es allerdings weiterhin Strategien in Form von Re-

geln für die Ausführung von Mandaten. Diese Regeln können verschiedene Formen annehmen, wobei die häufigste eine ist, die garantiert, dass die Rolle der Autorität für den Inhaber dieser Position eher als Verpflichtung und Opfer denn als Vorzug oder Gewinn verstanden wird; und die eine rotierende Führung notwendig vorschreibt. Im Allgemeinen wollen die Menschen in genuin kommunitär organisierten Gruppen, in denen diese Regeln gelten, gar keine Autorität sein, denn in der Zeit, in der sie dieses Mandat ausüben, müssen sie Anbau und Ernte und ihre Geschäfte ruhen lassen. Das ist deshalb sehr interessant, weil man hier einen großen Unterschied zwischen zwei verschiedenen Konzepten von Autorität beobachten kann: die Autorität als eine Person, die die Last spürt, ihre Zeit, Energie und Intelligenz für ein Gemeinwohl geben zu müssen, und die Autorität als jemand, der versteht, dass er, wenn er eine Autorität wird, Zugang zu mehr Möglichkeiten und Privilegien erhält. Es geht hier um einen fundamentalen Unterschied, den Anthropologen, die auf dem Gebiet des Rechtspluralismus arbeiten, in indigenen Rechtsprechungen vorgefunden haben. Es existieren ja verschiedene Arten von Rechtsprechungen. Grundsätzlich gilt es, der Machtanhäufung und den Avantgarden aus dem Weg zu gehen, die, selbst wenn sie aufgeklärt sind, die Intelligenz derer missachten, die fünfhundert Jahre der Entbehrungen überlebt haben, und uns – genau aus diesem Grunde – viel beizubringen haben.

Anmerkungen

1 Zu den unterschiedlichen Positionen im poststrukturalistischen Diskurs: Butler, Judith; Laclau, Ernesto; Žižek, Slavoj: Contingency, Hegemony, Universality: Contemporary Dialogues on the Left. London: Verso 2000 [Kontingenz – Hegemonie – Universalität. Aktuelle Dialoge zur Linken. Turia + Kant: Wien 2013].

2 Silverman, Kaja: Male Subjectivity at the Margins. New York: Routledge, 1992.

3 Lévi-Strauss, Claude: *The family*. In: Shapiro, Harry L. (Hg.): Man, Culture and Society. London: Oxford University Press 1971, S. 333–357.

4 Zum Beispiel Segato: La Crítica, a. a. O., S. 69–99.

5 Segato: La Guerra, a. a. O., S. 57–90.

6 Vgl. Castells, Manuel: Fin de Milenio. México: Siglo XXI, 1999, bes. das Kapitel: *La Conexión Perversa: La Economia del Crímen Global.*

7 Segato: La Guerra, a. a. O., S. 57–90.

8 Vgl. Segato: La Nación, a. a. O.

Dritter Vortrag

Fakultät: Bei unserem jüngsten Treffen[1] *ist eine Frage aufgetaucht, auf die wir gern zurückkommen würden: Die Frage des Zugangs von ethnischen Minderheiten zur universitären Ausbildung.*

Segato: Jeder ausländische Besucher einer Elite-Universität in Brasilien – und das heißt einer staatlichen Universität, denn diese werden, oder besser gesagt wurden bis vor kurzem, ausschließlich von jenen frequentiert, die sich seit Beginn ihrer Schulzeit eine sehr teure Ausbildung leisten konnten – bemerkt, dass sich das Land Brasilien nicht in der Universität spiegelt. Die Universität war bis vor kurzem eine *weiße* Universität, in einem Land, in dem die Mehrheit der Bevölkerung das rassiale Zeichen der Afro-Deszendenz trägt. Als Reaktion darauf, dass 1998 ein Anthropologieprofessor einen *schwarzen* Studenten – unseren ersten *schwarzen* Studenten im Doktorandenprogramm ohne jede Zweideutigkeit in der Hautfarbe – komplett hat durchfallen lassen, haben wir einen Kampf begonnen, in dem es zunächst darum ging, dass die Leistungen dieses Studenten nochmals überprüft und er zu dem in Rede stehenden Pflichtkurs zugelassen würde. Im folgenden Jahr ging es dann um das, was man in Brasilien als den ›Kampf für die Quote‹ (›a luta pelas cuotas‹) bezeichnete. Es lag auf der Hand, dass die Universität *schwarz werden* musste. Dies war ein Prozess, der in Brasilien das Konzept *Raza* und die Zuschreibung von Rassialität definitiv ›benannte‹, und der mich in der Folge erkennen ließ, dass *Raza* eine Dimension ist, die auf unserem Kontinent außerhalb der sozialen Bewegungen, die gegen den Rassismus kämpfen, nicht benannt wird.[2] Und der Vorschlag einer Quotenpolitik für *schwarze* Studenten in Brasilien ›gab *Raza* einen Namen‹, weil er damit drohte, die Kinderstube der Eliten, also sozusagen die Gebärmutter der Reproduktion *weißgemachter* Eliten, in rassialer Hinsicht zu demokratisieren: die Universitäten.

Ich sage *weißgemachte* Eliten und nicht *weiße* Eliten, denn auf unserem Kontinent ist niemand *weiß*, auch nicht diejenigen, die blonde Haare und helle Augen haben. Wer die Nord-Süd-Linie überquert und jemals in den Ländern des geopolitischen Nordens, sei es in Europa oder in den USA, gelebt hat, der weiß sehr genau, dass wir Ausgeburten* einer kolonialen, kolonisierten Landschaft sind, die uns mit ihrem *Nichtweiß-Sein* imprägniert, ganz gleich welche Farbe unsere Haut hat. Denn das Auge, das Rassialität zuschreibt, das Auge, das rassialisiert, kennt die Geschichte und weiß, welcher Landschaft unser Körper angehört und welche Landschaft ihn mit seiner Farbe prägt. Dieses Auge weist uns eine Rassialität zu, von der viele von uns, Kinder und Enkel von Europäern, überhaupt nicht wussten, dass wir sie haben. Wir müssen also die Universität und das, was wir an der Universität tun, aus der Perspektive dieser Tatsache denken und versuchen, dem Eurozentrismus, der in Wahrheit nur ein anders Wort für den Rassismus ist, den Boden zu entziehen. Wenn der Rassismus der Rassismus der Körper ist, dann ist der Eurozentrismus der Rassismus des Wissens und der Erzeugnisse, die dieser Körper herstellt.

Daraus folgt, dass das, was die Körper, die Ausgeburt dieser Landschaften sind, denken, nie die Kategorie der ›Theorie‹ erreichen. In der strikten internationalen intellektuellen Ar-

* Im Orig.: *emanaciones*, dt.: Ausfluss, Ausströmung, Emanation.

beitsteilung sind wir die Konsumenten, aber nie die Produzenten von Gedankengebäuden und theoretischen Kategorien. Das verhindert ein Marktdispositiv der theoretischen Produktion. Denken ist für den Norden, Nachbeten ist für den Süden … Und was ist verantwortlich für diese strikte Überwachung der Theorieentwicklung? Der Umstand, dass diejenigen, die Theorie entwickeln, die Realität formatieren. Kategorien formulieren bedeutet, dem Kosmos eine Form zu geben, die Welt zu gestalten und die Geschichte zu lenken. Die Fähigkeit zur Theorie, das theoretische Vorstellungsvermögen, ist die mächtigste aller menschlichen Aktivitäten. Allerdings anerkennen wir diese Verstoßung aus dem Königreich des Denkens auf eine inakzeptabel gefügige Art und Weise: Wir lehren unsere Studenten, dass die Universität zum Lernen, im Sinne von Wissen-Anhäufen, da ist. Und was lernen? Das, was schon gedacht worden ist … Mit dem nicht vernehmbaren, aber präsenten Subtext: das, was schon an einem anderen Ort gedacht worden ist. An einem Ort, der nicht hier ist, der weit von hier entfernt ist, in einer anderen Gegend, von Menschen, die unerreichbar sind. Die Theorie ist *weiß*, das Nachbeten ist *nichtweiß*. Die Gestalter der Welt sind *weiß*, die Konsumenten ihrer Kategorien sind wir *Nichtweiße*. Der Begriff der ›Kolonialität des Wissens‹ beschreibt genau diese Realität. Deshalb war und ist der Kampf für die Inklusion der Indigenen und Afro-Deszendenten innerhalb der universitären Ausbildung ein wesentlicher Schritt, um uns selbst in einem Spiegel zu betrachten, der uns tatsächlich zu sagen vermag, wer wir sind.

Fakultät: Der zweite Punkt betrifft deine Arbeit der Verknüpfung der Theorie der Kolonialität mit jener der Genderperspektive.

Segato: Meine theoretische Grundlage ist die Perspektive der Kolonialität der Macht und das Werk des großen Aníbal Quijano, der sie begründet hat. Im ersten Kapitel meines Buches *La Crítica* lege ich die außergewöhnliche Kohärenz und Komplexität der Gedanken dieses Autors dar.[3] Von zentraler Bedeutung ist, dass im Zentrum der Perspektive der Kolonialität das Konzept der *Raza* steht. Wie wichtig dieser Punkt ist, habe ich vor allem durch Reaktionen von Zuhörern verstanden, die oft sehr heftig sind, wenn man sagt, dass im Zentrum der Akkumulation und der Enteignung *Raza* steht, die – für Quijano – die wichtigste Erfindung im Prozess der Konquista und der Kolonisierung ist. Es ist das Konzept *Raza*, welches das Narrativ der Entwicklung und die Unterteilung der Welt in ›entwickelt‹ und ›unter-entwickelt‹ erst ermöglicht. Diese beiden Begriffe haben, obschon sie scheinbar technischer Art sind, eine Farbe. Auf die gleiche Art und Weise stehen *Raza* und die Frage der Entwicklung im Zentrum der intellektuellen Arbeitsteilung, auf die ich mich eben bezogen habe: die globale Unterteilung zwischen Körpern, die Wert produzieren, die ihrem Wissen und ihren Produkten einen Wert hinzufügen, Körper mit ›rassialem Kapital‹, und jenen Körpern, deren Wissen und Produkte ohne Wert sind. Daher ist *Raza* das zentrale Instrument, das einerseits die Aneignung eines nicht anerkannten Wertes ermöglicht und andererseits eine Einteilung der Welt, die mit dem Prozess der Konquista und der Kolonisierung etabliert worden ist und nie wieder aufgebrochen wurde. Sie besteht weiterhin. Es ist ein Paradigma der Lesart und Klassifizierung der Welt, das sich ausgehend von dem Moment der »Entdeckung« in sehr kurzer Zeit durchgesetzt hat. Obschon es uns im Sprachgebrauch einfach so herausrutscht, von einer »Entdeckung« zu sprechen, ist das eine falsche Rekonstruktion der Vergangenheit. In ers-

ter Linie, weil es, wie Quijano sagt, »keinen Entdecker« gab, es gab kein Europa und es gab kein Spanien, ein politisches Gebilde, das sich zur gleichen Zeit erst konstituierte. Es handelte sich nicht um eine von einer Nation ausgehende Invasion, sondern um die Konstruktion dieser Nation mittels eines Krieges. Und trotzdem rutscht es uns heraus! Warum? Und an dieser Stelle sind wir bei der dekolonialen Wende angelangt. Man nennt es eine »Wende«, weil es eine so radikale Umkehrung der Art und Weise ist, in der wir eigentlich Geschichte und Gesellschaft denken, dass ihre Analogie die kopernikani-
 sche Wende ist: eine kosmologische Wendung.

Wir können diese Wendung folgendermaßen zusammenfassen: Jede Erzählung darüber, was geschehen ist, benötigt zwangsläufig ein Vokabular, das dem Geschehen nachfolgt. Es ist praktisch unmöglich, die Geschichte der Konquista und der Kolonisierung mit einem Vokabular zu erzählen, das nicht erst infolge des Ereignisses generiert worden ist – und daher weder vor noch während des Ereignisses bereits existiert hat. Das gesamte Vokabular, über das wir verfügen, um diese Geschichte zu erzählen, ist im Nachgang entstanden, und es ist unbrauchbar, um sie zu beschreiben. Wie Quijano sagt: »Amerika, Europa, der *Schwarze*, der *Weiße*, der *Indio*, die Moderne und der Kapitalismus sind am gleichen Tag entstanden.« Ein außergewöhnlicher Satz, der, wenn wir ihn in seiner ganzen Tiefe bedenken, unsere Position und unsere Perspektive verändert. Es ist, als würden wir einen Salto springen, wieder auf dem Boden landen und in eine andere Richtung schauen: Es geschieht etwas, das unseren Blick auf die Welt verändert. Warum? Marx selber hat es gesagt: »Ohne die amerikanischen Minen gibt es keine ursprüngliche Akkumulation.« Das bedeutet, ohne Potosí kein Kapitalismus. Genauso, sagt Quijano, gibt es ohne Amerika keine Moderne. Das ist die große Wende, die er der üblichen Lesart der Geschichte gibt, die in den europäischen Entdeckungen den Weg zur Moderne sieht. Diese Entdeckungen bedurften jedoch der Zustimmung der heiligen Geschichte, einer Vergangenheit, deren Schlüssel von der Kirche gehütet wurde. Erst in dem Moment, in dem die zerbrechlichen Karavellen an diesen unseren Ufern ankommen, wird ein Wert eingeweiht, den es zuvor nicht gab: der Wert des Neuen. Dieser Wert wird dann, so Quijano, von der Vergangenheit in die Zukunft übertragen. Von diesem Moment an wird das, was zählt, die Zukunft sein; und das ist der Wert schlechthin, der die Moderne definiert. Es gibt keine Modernität, so Quijano, ohne den Wert des Neuen, der Entdeckung, der Erfindung. Und es ist in Amerika, wo die Moderne eingeläutet und ermöglicht wird. 1993 publizierte Quijano gemeinsam mit Immanuel Wallerstein einen der Gründungstexte dieses Denkens: »La americanidad como concepto, o América en el moderno sistema mundial.«[*] In diesem Text wird deutlich, dass Wallerstein akzeptiert, dass das in seinem Werk beschriebene Weltsystem nur aus dem amerikanischen Geschehen heraus entstehen kann. Das ist für uns von großer Bedeutung. Und deshalb ist diese Perspektive eine deutlich andere als die asiatische oder afrikanische postkoloniale Perspektive, obschon es hier auch Gemeinsamkeiten gibt.

Fakultät: Warum bezieht sich Aníbal Quijano nicht auf das postkoloniale Subjekt?

* Quijano, Aníbal; Wallerstein, Immanuel: *Americanity as a concept, or the Americas in the modern world-system.* In: International Social Science Journal, N° 134(1992), S. 549–557.

Segato: Quijano benutzt den Begriff »postkolonial« nie, und wenn man ihn nach dem Grund fragt, dann antwortet er, dass für ihn das Postkoloniale nicht existiert. Er antwortet, dass die als Struktur etablierte Kolonialität eine Konstruktion der Welt ist, die nie aufgehört hat zu existieren. Was wäre denn das Postkoloniale? Wo finden wir es? Der offensichtlichste Unterschied zwischen postkolonialer Theorie und dekolonialem Denken besteht darin, dass Erstere das Denken von Autoren aus Nationen repräsentiert, die im frühen 20. Jahrhunderts gegründet wurden und aus denen sich die Kolonialverwaltung im engeren Sinne erst vor etwa einem Jahrhundert zurückgezogen hat, während die lateinamerikanischen Nationen bereits auf fünfhundert Jahre »Unabhängigkeit« zurückblicken. Diese Autoren schreiben in den Sprachen der Kolonisation, die hegemoniale Sprachen sind, da sie den Kolonialreichen entsprechen, die es bis vor kurzem gegeben hat und die bis heute ihren Einfluss auf die ehemals von ihnen verwalteten Gebiete geltend machen. Ich habe »Unabhängigkeit« in Anführungszeichen gesetzt, um darauf hinzuweisen, dass wir die sogenannte Heldentat des Unabhängigkeitskampfes mit Skepsis betrachten sollten: Denn obwohl es sich um ein Unterfangen handelte, das eine Vielzahl verschiedener Akteure zusammenbrachte, darunter sehr viele Indigene und Nachfahren afrikanischer Sklaven, wurden bei seiner Vollendung diejenigen Sektoren, die mit der kolonialen Ordnung gebrochen hatten, verraten. Die Rolle, die ihnen beim Aufbau des republikanischen Staates zugestanden hätte, wurde ihnen verwehrt. Jener der Kontinuität verschriebene Sektor hingegen machte sich die Kämpfe und das koloniale Erbe mittels einer auf ihn zugeschnittenen Institutionalität zu eigen, die von der *Criollo*-Elite, also den Erben der kolonialen Beute, übernommen wurde.

»Die Idee des Subalternen gefällt mir auch nicht«, sagt Aníbal. Ich habe die Idee der Subalternität ebenso kritisiert, denn die Autoren der postkolonialen Perspektive ziehen in keinem Moment in Zweifel, dass das Zentrum der Welt in Europa liegt. Und wenn sie sagen, dass Europa sein ›Alter Ego‹, sein untergeordnetes ›Anderes‹, also sein ›Subalternes‹ braucht, um sich als ›Zentrum‹ konstituieren zu können, dann analysieren sie es aus der Perspektive Europas und scheinen davon auszugehen, dass dieses ›Andere‹ durch seine Funktionalität für das europäische Projekt völlig verschlungen wird. Aber obwohl die Erzählung von Europa von uns, die wir uns außerhalb Europas befinden, aus konstruiert ist – das ist eine sehr interessante Idee –, und zwar derart, dass sich der Hebel, der Europa in die zentrale Position bringt, in der Peripherie befindet, und somit die Existenz einer Peripherie unerlässlich ist, untergraben die postkolonialen Autoren in dieser theoretischen Konstruktion, in diesem Entwurf, nicht die Gewissheit der europäischen Vorherrschaft.[4] Bei Quijano ist die Konstruktion eine andere, da er seine Perspektive von hier aus entwirft, aus unserer Landschaft heraus, der Gegend, die uns konstituiert, deren Ausgeburt wir sind und von der aus wir unseren Blick auf die Welt richten.

Wenn es eine ›Expertise‹ im europäischen Blick gibt, dann die ›Expertise‹ der Rassialisierung: Sie ist sehr gut darin, relative Status zuzusprechen und zu verteilen, also Positionen in einem asymmetrischen ›Who's who‹, und darin zu entscheiden, welcher Diskurs wertvoll ist und welchem man den Wert abspricht. Das rassiale Kapital ist eine europäische, politische und willkürliche Entscheidung. Die Subalternisierung ist folglich ein Konstrukt des europäischen Blicks auf die Welt, und der Eurozentrismus ist, wie ich erklärt habe, nichts anderes als der negative

Wert, der den Erzeugnissen, dem Wissen und den Techniken der Soziabilität der Nicht-Europäer oder *Nichtweißen* zugeschrieben wird, und damit auch nichts anderes als Rassismus. Es ist nicht leicht zu verstehen, warum Quijano das Konzept des »Subalternen« nicht benutzt. Meine Art, diese Ablehnung zu erklären, basiert auf meinen eigenen Erfahrungen im Feld, mit den Menschen, mit denen ich gearbeitet habe, denn ich habe als Anthropologin mit *Pueblos* in Kommunen gelebt, deren Nabel nach innen gewendet ist. Das heißt mit Menschen, die, wenn sie zur Arbeit gehen, und sei es in städtischer Kleidung, als Putzfrau, als Hafenarbeiter, als Bier-Lieferanten, genau wissen, dass sie sich nicht in ihrer eigenen Welt befinden. Aber wenn sie auf ihren Flecken Erde zurückkehren, in ihr Haus und ihre Gemeinde, die städtisch, in einem Nachbarschaftsviertel oder kleinbäuerlich-indigen sein kann, dann schließen sie ihre Türe und verbergen sich in dieser territorialen Falte, in der ihre Geschichte, ihr historisches Projekt, weiter seinen Weg geht. In der ›amefrikanischen‹ – um die wunderbare Kategorie der afro-indo-brasilianischen Denkerin Lélia Gonzalez zu benutzen – oder ›afroindigenen‹ Welt gibt es ein sehr klares Bewusstsein dafür, dass eine Welt existiert, die intra-kommunitär ist, die ihre Existenz außerhalb der Nation und des Staates führt, der immer eurozentristisch und immer ein Verräter ist.[5] Aus diesem Grund ist es problematisch, das *Nichtweiß-Sein* zu subalternisieren, denn dieses *Nichtweiß-Sein* bringt eine amphibische Existenz mit sich, von der wir lernen sollten. Diese Existenz ist nämlich nur dann subaltern, wenn sie sich gezwungen sieht, in die Welt des *Weißen* zu wechseln oder in ihr mitzureden, aber in der Falte, in dem Versteck, das sie beherbergt, da spricht, beratschlagt und entscheidet sie. Wie sonst könnten wir zum Beispiel verstehen, dass ganze *Pueblos*, wie die Huarpes von San Juan und Mendoza oder die Tupinambá in Brasilien, neben vielen anderen, beschlossen haben, zweihundert Jahre lang in den Untergrund zu gehen, indem sie sich als Bauern, Schäfer oder Händler tarnten, um in den Republiken zu überleben? Wie haben sie das beratschlagt, wie haben sie das entschieden? Wie sind sie, die Überlebenden der Massaker, die an jedem Einzelnen dieser *Pueblos* verübt wurden, zu der weisen Schlussfolgerung gekommen, dass die *Criollo*-Republiken in ihrer Gier nach Aneignung jedes verbliebenen Krümels des kolonialen Erbes mit noch größerer Hartnäckigkeit angreifen würden? Ich beziehe mich hier auf das Werk von Diego Escolar, der diesen Prozess des Verborgenseins und Auftauchens am Beispiel der Huarpes beschrieben hat.[6] Diego hat seine Jugend in der Provinz San Juan verbracht und dort in unmittelbarer Nähe zu den andinen Hirten gelebt. Von klein auf begleitete er die Überquerungen der Anden mit dem Wechsel der Jahreszeiten dieser Hirten, und eines Tages offenbarten sie ihm ihr großes Geheimnis: »Wir sind die Huarpes – hier sind wir. Wir existieren. Wir haben es verheimlicht.« Wie hätten sie es auch nicht verheimlicht, war doch ihr Todesurteil schon von Sarmiento* unterschrieben worden. Diego fragte sich also: Ist das nicht eine Entscheidung für die Klandestinität, die notwendigerweise das Ergebnis einer kollektiven Überlegung ist? Ist es dann möglich zu sagen, dass diese Menschen Subalterne sind und »nicht für sich sprechen«? Also: Der »Subalterne« ist nur gegenüber dem Staat und seinen Mitarbeitern, die in ihren

* Domingo Faustino Sarmiento, zweiter Präsident der Republik Argentinien (1868–1874), formulierte bereits 1845 in seinem berühmten Essay »Barbarei und Zivilisation« seine Absicht, die autochthonen Bevölkerungsgruppen auszurotten.

Werten und Vereinbarungen immer eurozentrisch sind, in dieser Position. Aber wenn er intern debattiert, innerhalb seiner Gemeinschaft, dann gibt es keinerlei Subalternität und er hat sehr klare Vorstellungen von seinem historischen Projekt, als *Pueblo* unter dem Licht der Sonne weiterzumachen. Es ist eine Welt, deren Nabel nach innen gewandt ist.

Unser Kontinent ist ein Kontinent von Deserteuren, die Mehrheit seiner Bewohner hat amefrikanisches Blut und entschieden, dieses Blut zu verraten, vor ihm wegzulaufen, es zu verbergen, und das bedeutet: zu desertieren. Es gibt sie aber

immer noch, diejenigen, die nicht desertiert sind. Es ist nicht einfach, diese Entscheidung zu begreifen, aber man darf annehmen, dass sich dahinter eine Intelligenz anderer Ordnung verbirgt, und eine Fähigkeit, auf lange Sicht zu schauen, eine andere Art, in der Zeitlichkeit zu sein, die wir Geschichte nennen. Hinter dieser Entscheidung steht das Festhalten an einem eigenen »historischen Projekt«, dysfunktional zum historischen Projekt des Kapitals. Aus bestimmten Gründen ziehe ich es in der Regel vor, von »historischem Projekt« anstatt von »Kultur« zu sprechen.[7] Die Vorstellung, es gäbe »*Pueblos* der Bräuche« einerseits und »*Pueblos* der Geschichte« andererseits, ist falsch und rassistisch. Zu denken, der *Weiße* habe Geschichte und der *Nichtweiße* habe Sitten und Gebräuche, ist epistemischer Rassismus, Eurozentrismus. Diese Menschen haben sich Gedanken darüber gemacht, wie es mit ihrer Geschichte weitergehen soll. Sie haben mit großer Intelligenz beratschlagt, wie sie das Massaker, den Genozid, den Ethnozid überleben, ohne zu desertieren, denn nicht zu desertieren bedeutet, Werte zu erhalten, die die Spezies und das Leben auf dem Planeten retten könnten. Außerdem sind viele Angehörige von Familien, die bereits entschieden hatten, ihrer Zugehörigkeit zu dieser Abstammungslinie abzuschwören und sie zu verleugnen und für ihren *weißen* Stammbaum zu optieren, dabei, wieder zurückzukehren. Nur die Perspektive der Kolonialität der Macht bietet uns ein Vokabular, um von diesem Wiederanknüpfen an die Spuren der Erinnerung und die Pfade der *Raza* zu sprechen, die vom kolonialen Projekt verschlossen worden sind.

Fakultät: Mit Blick auf die Arten oder Modelle des Widerstandes hast du im Seminar von haarfeinem Ungehorsam gesprochen und davon, stärker auf die Praktiken zu achten. Wir würden gern nach diesen Modellen des Widerstands fragen, die aus einer kollektiven Logik heraus gedacht werden müssten, die den Aspekt der politischen Dimension der aktuellen Kämpfe wieder aufnimmt. Wir dachten dabei vor allem an die Geschlechterkämpfe, an die Differenzierung und die Notwendigkeit, das eminent Politische in diesen Auseinandersetzungen zu spezifizieren. Und wir würden das Ganze gern mit Modellen des Widerstands in Verbindung bringen, die nicht nur im staatlichen Rahmen versuchen, Einfluss zu nehmen …

Segato: Wir alle – und in Argentinien seit der *Generation von 80** – sind nach Mustern erzogen worden, die die Funktionselite des Staates entworfen hat, um eine homogene Nation im eroberten Raum zu formen. Diese Muster sind die Schule, der Militärdienst und die Ideologie der Hygiene. Jorge Salessi hat sich mit der Rolle dieser drei Bereiche in unserem Land be-

* Mit der »Generación del 80«, gemeint ist 1880, wird in Argentinien die regierende Elite der konservativ gesinnten Republik 1880–1916 bezeichnet. Sie verfolgt eine Vision gesellschaftlichen ›Fortschritts‹ durch Modernisierung und die Förderung europäischer Immigration.

schäftigt und er hebt vor allem die Bedeutung des Hygienediskurses hervor, wenn es um die Frage geht, wie wir europäisiert werden sollten.[8] Diese Vorbilder bezüglich des Einigungsprojektes hin zu einem Nationalstaat waren auf unserem Kontinent, und besonders in Argentinien, sehr wirkmächtig.[9] In einem Text, der noch in Arbeit ist, analysiere ich emblematische historische Gemälde in drei Ländern des Kontinents, darunter eines des Cabildo de Mayo* für Argentinien. Ich definiere dabei das, was bis in die Gegenwart hinein von vielen unterschiedlichen Seiten oder Medien aus verschiedenen Perspektiven beleuchtet wird, für ein gleichermaßen historisches wie emblematisches Gemälde einer Nation. Das Hauptmerkmal dieses Gemäldes ist, dass es eine grundlegende Struktur der Beziehungen der Nation, die es abbildet, einfängt, eine Struktur, die im Laufe der Geschichte stabil bleibt und die in zyklischen Abständen aktualisiert und neu kommentiert wird. Zum Beispiel haben die weißen Kittel der Schuluniformen als Bild einer staatlich geeinten Nation eine analoge Funktion zu den Mai-Regenschirmen vor dem Cabildo von 1810. Die Mai-Regenschirme verweisen auf eine geklonte, homogenisierte Nation, die vom Balkon des Staates aus den Massen verkündet wird. Sie wurden einhundert Jahre nach Gründung der Nation – im Jahr 1910 – auf die Leinwand gebracht und in anderen historischen Momenten auf sehr ähnliche Art und Weise wieder aufgegriffen. Was dort dargestellt wird, ist exakt die Gründung des

* Das Kolonialgebäude *Cabildo de Buenos Aires* spielte eine bedeutende Rolle währen der Mai-Revolution 1810. Das Ölgemälde von Sánchez de la Peña von 1910 zeigt eine Menschenmenge vor dem Gebäude, viele mit schwarzen Regenschirmen, die am 25. Mai 1810 auf die Verkündung der Unabhängigkeit wartet.

Staates und sein Verhältnis zu den Menschen, vermittelt durch einen universellen Bezugspunkt, der nivelliert und die Bevölkerung durch sein homogenisierendes Raster aussiebt: die Regenschirme, später die Schuluniformen. Die helle und die dunkle Seite der »Gleichheit«. Und da will ich hin: All das, was nicht in irgendeiner Weise durch das Sieb des universellen Bezugspunktes passt und somit verdaut und übersetzt werden kann, verwandelt sich in einen Rest, einen Rückstand, in die Anomalie der Bürgermasse. Von diesem Moment an sind wir alle, die Frauen und alle »Anderen« in der universal-staatlichen Mann-Menschheit, zu unzähligen Travestien gezwungen, um professoral sprechen zu können, um bürokratisch sprechen zu können, um politisch sprechen zu können. Kurzum: um uns dem Verhalten des vom Staat und der Öffentlichkeit anerkannten Subjekts anzupassen. Der moderne Prozess verdaut die Differenz, er verarbeitet sie in einer Zerkleinerungsmaschine, um sie in irgendeine Variante dieses Subjekts der staatlichen Agora zu verwandeln.

Wie ich im vorherigen Vortrag erläutert habe, wird in der Welt des ›Einen‹ all das, was nicht mithilfe des Filters ›des‹ Mannes, des Subjekts der Politik, homologisiert werden kann, in eine Anomalie verwandelt, und als ein Rest, ein Überbleibsel der Politik, ausgestoßen. In dieser Welt gibt es weder eine radikale Demokratie noch eine Identitätspolitik, weil – wie ich in *La Nación* argumentiere – die politischen Identitäten im inhaltslosen und globalen Multikulturalismus eine aufbereitete und haltbar gemachte Adaption der Welt des ›Einen‹ sind, die sie konserviert und in nivellierte Typen verwandelt hat, die gut zu verdauen sind. Die radikale Differenz der historischen Projekte sowie der divergierenden Zielsetzungen hinsichtlich des Wohlbefindens wird hier ausgelöscht.

Die öffentliche Sphäre ist die Welt des universellen Bezugspunktes und des Kanons der Kohärenz. In anderen Gesellschaften gibt es das Problem der Kohärenz nicht. Die Frage der Religionen ist ein gutes Beispiel: Jemand, der jedes Jahr an der Anbetung des Pachamama-Kosmos teilnimmt, kann durchaus katholisch sein, und in einigen seltenen Fällen kann er sogar in eine evangelische Kirche gehen. Er könnte auch Buddhist sein, das wäre überhaupt kein Problem. Die Menschen des Candomblé, jener Religion, die ich in Recife während meiner ersten Etappe des Begreifens dieses Unterschieds kennengelernt habe, gehen in die Kirche. Ich habe sie gefragt: »Aber wie? Bist du katholisch?«, und die Antwort war: »Wenn ich glauben möchte, dass ich in den Himmel kommen kann, dann gehe ich in die Kirche.« Da gibt es kein Problem der Kohärenz. Auch im Hinduismus gibt es das nicht; in meinen Jahren als Studentin in Europa habe ich gesehen, wie meine hinduistischen Kommilitonen an den Ritualen jeder Kirche, die es gab, teilnahmen. Die monotheistischen Religionen hingegen sind monopolistisch, ausgrenzend. Die nicht monotheistischen Religionen sind es nicht und sie versuchen auch nicht, die Differenzen so zu bearbeiten, dass sie kompatibel werden. Sie bewegen sich einfach zwischen verschiedenen Registern der Emotionalität, der Empfindsamkeit und sogar der Logik. Eine Suche nach Kohärenz findet nicht statt. Europa hat zu einer solchen Erfahrung keinen Zugang: Seine reine Logik verbietet es ihm. Das große Manko jener anderen Welt, unserer Welt, jener, in der unsere Landschaften liegen, dort, wo A und Nicht-A gleichermaßen wahr sein können und sich nicht ausschließen, ist, dass ihr ein Vokabular fehlt, um ihre Grandezza auszudrücken. Das ist, wie ich hier schon gesagt habe, unsere Rolle, die Rolle derer, die mit Worten arbeiten: Ein Vokabular, eine Rhetorik zu formulieren für die Grandezza, die in einer nicht kohärenten Welt, in einer multiplen Welt, in einer radikal pluralen Welt existiert, während die Kolonial-Moderne des Westens die Welt des ›Einen‹ ist.

Worauf haben sich unsere Kämpfe und unsere Anstrengungen im Bereich der Politik gerichtet? Was war unser Ziel in den sozialen Bewegungen? Veränderungen auf staatlicher Ebene einzuführen, Fortschritte auf dem Feld des Wissens. Aber dieses staatliche Feld hat eine männliche DNA, es ist nach dem Ebenbild des Mannes konstruiert, es gehört zur Geschichte der Männlichkeit. Und daher stammt auch seine Fragilität, seine Anfälligkeit für den Eurozentrismus. Sowohl während der Konquista und der Kolonialzeit als auch später in der Republik waren die Männer in einer, wie ich es nenne, ›Scharnierposition‹ zwischen zwei Welten: mit einem Fuß inmitten der eigenen Leute, mit dem anderem in einem Verhältnis zum *Weißen*. Und sie waren es, die den Krieg geführt haben und nach der Niederlage auch die Verhandlung mit der Kolonialfront. Deshalb sind es die Männer, die erobert worden sind, und die Männer sind auch diejenigen, die durch den *weißen* Mann leichter kooptiert und verführt werden konnten. Die Frauen aus den autochthonen Gesellschaften sind politische Subjekte der ›Verwurzelung‹. In vielen *Pueblos* verbietet man ihnen in den ersten sieben Lebensjahren die Sprache des Kolonisators – das Spanische oder das Portugiesische – zu sprechen.

Dieses Verbot wird vom eurozentrischen Feminismus oft verurteilt, weil es den Anschein erweckt, als würden die Frauen so in eine benachteiligte Position gebracht, wenn es um die Kämpfe im öffentlichen Raum und im Staat geht. Doch es bewahrt ihre Rolle, indem es garantiert, dass sie verwurzelt bleiben. Und es garantiert ihre Verantwortung dafür, das histori-

sche Projekt ihres *Pueblos* zu beschützen und so dafür zu sorgen, innerhalb der Nation anders zu bleiben. Diese Regelung verortet die Frau nicht, wie man meinen könnte, außerhalb der Politik, sondern bereitet sie vielmehr darauf vor, das Projekt einer anderen Politik zu repräsentieren, einer Alternative zur kolonial-patriarchal-staatlichen Politik. Ganz anders die Situation der Männer aufgrund ihrer doppelten Loyalität, einerseits ihrer Familie, ihrer Gemeinschaft und ihrem *Pueblo* gegenüber, andererseits aber auch gegenüber dem korporativen Kodex ihrer Männlichkeit, der die Männer dem Kanon der siegreichen
 Männlichkeit unterwirft. So kommt es, dass, wenn der *weiße* Mann hier ankommt und den Krieg gewinnt, seine Männlichkeit und seine Vorstellung von Sexualität auch für den indigenen Mann paradigmatisch werden. Der Besiegte wird zu einem Vertreter des Kanons der siegreichen Männlichkeit. Der *Indio* erlernt die Sexualität des *Weißen*. Mit anderen Worten: Er *criollo*-isiert sich, er nähert sich dem *Criollo** an, in seiner rassialen und männlichen Unsicherheit geht er dazu über, eine Gewalt auszuüben, die auf dem schlimmsten patriarchalen Vorurteil basiert. Ich habe es sehr lange nicht verstanden, aber ja, *Criollo* – das ist ein Schimpfwort.

Fakultät: Warum ist Criollo *ein Schimpfwort?*
Segato: Weil es ein Synonym für den Rassisten, den Frauenverachter, den Homo- und Transphoben und für den Speciesisten ist. Ich meine, das sehen wir doch jeden Tag auf der Straße, da erübrigt sich eigentlich jede weitere Erklärung. Mich beeindruckt, dass das Publikum, immer wenn ich das sage, erschrickt. Es scheint, als würde ich ihnen einen Schlag in die Magengrube

* Im Orig.: *se criolliza, se acriolla.*

versetzen, und plötzlich – ja, plötzlich fällt der Groschen. Sie begreifen, was ich gerade gesagt habe. Diese Szene wiederholt sich jedes Mal, wenn ich das sage. Es ist eine selbstverständliche Wahrheit, wir erleben sie auf der Straße, in der Haltung von Menschen, die nicht einmal wissen, dass sie frauenverachtend und rassistisch sind, weil das die Luft ist, die sie atmen. Es sind die Normen des Zusammenlebens und es ist das Produkt der Sozialisation zu Hause und in der Schule. Und diese unsere Heimat, die ihre Führungskräfte auf derartige Weise indoktriniert, damit sie den *Indio*, den *Schwarzen*, das Weibliche in sich selbst ausmerzen, ist *criollo*.

Das ist das ›Ethos‹ der Republik und die Predigt des Staates, quer durch all seine Institutionen. Das kolonial-moderne Patriarchat ist dasjenige, welches in und hinter dieser Institutionalität steckt, ihre DNA, das Ergebnis ihrer Evolutionsgeschichte und ihrer Genealogie. Es ist, wie ich es in meinen Texten beschreibe, ein Patriarchat von hoher Intensität und hoher Tödlichkeit, eine Mutation jenes Patriarchats, das für das kommunitäre Geflecht charakteristisch ist, das seinerseits von niedriger Intensität und Tödlichkeit ist. Denn es war Teil einer nicht vereinheitlichten Welt, einer Welt, die in einem radikalen und pluralen Sinne anders ist, in der Frauen bzw. die weiblichen Rollen, Aufgaben und Spiele eigene Institutionen und ihnen allein vorbehaltene Räume haben konnten – und dort, wo dieses Geflecht noch existiert, immer noch können. Der häusliche Raum war die Bühne ihrer eigenen Politizität, deren Methoden des Umgangs wir meiner Meinung nach heute ebenso zurückgewinnen müssen wie ihre ›Oikonomia‹ und ihre Ideologie der Verwurzelung, um einen neuen Weg für die Politik zu eröffnen. Von daher die Bedeutung der Rolle der Frauen bei der Wiedergewinnung und Konstruktion einer Rhetorik von

Wert in Bezug auf eine häusliche Politizität, also einen politischen Charakter im häuslichen Kontext. Die Art und Weise, in der die Entstehung des kolonial-modernen Staates den historischen Weg abgeschnitten hat, hat diese Politizität unter Zensur gestellt und sinnentleert. In diesem Prozess verwandelt sich, wie gesagt, der öffentliche Raum, der in der tribalen Welt einer unter vielen war, in eine einschließende Sphäre und in den Sitz eines universellen Subjekts, jenes, das von *einem* Mann zu *dem* Mann wurde. Diese Sphäre wurde nach seinem Ebenbild konstruiert, indem sie seinen partikularen und partiellen Ursprung verleugnet und eine universelle Repräsentativität und die Fähigkeit verkörpert, Wahrheiten und Regeln allgemeiner Art zu verkünden. Damit unsere Forderungen Gehör finden, müssen wir uns also auch nach dem Ebenbild dieses Subjekts ausrichten und seine distanzierten, ernsten und strengen Sprechakte imitieren; das Lachen und Gesten der Zärtlichkeit würden von der Verwaltung oder dem Management geächtet werden. Das ist die öffentliche Sphäre und ihr zentraler Gesprächspartner, der Staat. Und wer dort sprechen möchte, wer dort gehört werden will, der wird sich mit seinem Körper, seinen Gesten, seiner Art und Weise, zu sein und sich zu verhalten, anpassen, seine Emotionen unterdrücken und seine Affekte verbergen müssen. Und was geschieht mit dem häuslichen Bereich? Auch er erleidet eine tödliche Verwandlung, denn aus einem Raum pluraler Präsenzen, ohne Mauern und offen einsehbar für das gemeinschaftliche Auge, einem Raum mit eigenen Formen des Konflikts und Wegen zu ihrer Lösung, einem Raum, in dem Beschlüsse beratschlagt und dann – allerdings ohne die protokollarische Ritualität der Männerparlamente – in die andere Sphäre eingebracht wurden, wird ein Raum des Restes, ohne jedes Gewicht in den Entscheidungen, die das

Kollektiv betreffen. Durch die Mutation hin zu einer kolonial-modernen Struktur mit dem staatlichen Monopol der Politik wird der häusliche Raum privatisiert und so in einen intimen Raum verwandelt. Aufgrund dieser Privatisierung und Einengung auf »das Intime« – der Einkapselung des Familienlebens in den vier Wänden – nimmt unsere Verwundbarkeit zu und damit auch die Straffreiheit derjenigen, die uns angreifen. So sind wir in eine Phase großer Gefahr eingetreten, einer Gefahr, unter der heute die Körper der Frauen leiden, einer Gefahr, die sie ertragen. In Jujuy sagt man, dass »die Fremden aus Holz sind«, eine typische Redensart des *Criollo*, die auf die Nuklearisierung der Familie und die Demontage der Gemeinschaft hinweist. Die fortschreitende Annäherung des indigenen Menschen an den *Criollo* ist einer der von Natur aus gewalttätigsten* Prozesse auf dem Kontinent.

* Im Orig.: *violentogénico*, von *violento*, gewalttätig, und *génico*, genisch/auf Gene bezogen.

Anmerkungen

1 Interview mit A. Peirone an der Freien Fakultät Rosario im August 2016, https://www.youtube.com/watch?v=siXG9c4Fkgo&t=310s.

2 Segato: La Crítica, a. a. O., S. 211–266.

3 Segato: La Crítica, a. a. O., S. 35–67. Zuerst erschienen als: *La perspectiva de la colonialidad del poder y el giro decolonial.* In: Laville, Jean-Louis; Coraggio, José Luis (Hg.): Reinventar la izquierda en el siglo XXI. Hacia un diálogo Norte-Sur. Los Polvorines: Universidad Nacional de General Sarmiento 2014, S. 175–189. Frz.: Les Gauches du XXIe Siècle. Un dialogue Nord-Sud. Paris: Le Bord de l'eau 2016.

4 Siehe https://www.youtube.com/watch?v=SdYNoyx5Q2Y. Das Interview fand im Rahmen des Zyklus *Lectura Mundi* der Universidad Nacional de San Martín, Argentinien 2013, statt. Es war Teil des Seminars: *La Lengua Subalterna*, das anlässlich des Besuchs von Gayatri Spivak organisiert wurde.

5 Gonzalez, Lélia: *A categoria político-cultural de amefricanidade.* In: Tempo Brasileño, Rio de Janeiro, 92/93(1998), S. 69–82. Zur Vorstellung der illoyalen und verräterischen Natur des Staates, verkörpert in der Figur der Iemanjá, s. Segato: Santos e Daimones, a. a. O., S. 355–418.

6 Neben anderen schönen Texten siehe: Escolar, Diego: Dones étnicos de la Nación. Identidades huarpe y modos de producción de soberanía en Argentina. Buenos Aires: Prometeo 2007.

7 Segato: La Crítica, a. a. O., S. 139–177.

8 Salessi, Jorge: Médicos, maleantes y maricas. Higiene, criminología y homsexualidad en la construcción de la nación argentina (Buenos Aires 1871–1914). Rosario: Beatriz Viterbo Editora 1995.

9 Segato: La Nación, a. a. O., S. 243–272.

»Vor dem Spiegel der bösen Königin«: Lehre, Freundschaft und Ermächtigung als dekoloniale Breschen in der Universität[1]

Rita Laura Segato & Paulina Álvarez

> In jüngster Zeit verspüre ich, wenn ich vor einem Publikum sprechen muss, einen unwiderstehlichen Drang, Geschichten zu erzählen und meine Argumente als untrennbaren Teil des Dramas des Erlebten auszubreiten.

Dieser Text ist eine Übung im Umschreiben eines Vortrags von Rita Segato, ein Moment des unvollendeten Dialogs zwischen ihrer Autorenstimme und vielen Gesprächspartnern, darunter einige Doktoranden. Er ist auch Ausdruck des teils ähnlichen und manchmal abweichenden Dialogs zwischen einer Lehrerin und ihrer Schülerin. Er ist daher auf verschiedenen Ebenen konstruiert und beinhaltet Dimensionen, die über das Schreiben hinausgehen. Außerdem stellt er ein Bekenntnis zu einer bestimmten Art und Weise der Verfertigung von Gedanken und der Schaffung von Bindungen dar, die hinsichtlich der von der Wissenschaft vorgeschriebenen Distanz zu Lehrenden und Autoren ungehorsam ist.

Er ist also gewissermaßen eine schlechte Praxis, ein Akt der Erosion, eine Bresche, um hier einige der Begriffe zu verwenden, welche die Vortragende häufig benutzt.
Der Vortrag folgt einer Einladung der ›Gewerkschaft der Lehrenden und Forschenden der Universität Córdoba‹ (ADIUC) und dem ›Zentrum Weiterführende Studien‹ der Universität von Córdoba (CEA) und findet im Rahmen der Abschlussveranstaltung eines Postgraduierten-Kurses statt. Sein Titel lautet: Die Universität aus der kritischen Perspektive der Kolonialität denken. Den Rahmen bildet die Aula der Nationalen Akademie der Wissenschaften im alten Jesuitenviertel der Stadt.

Elizabeth Costello in der Nationalen Akademie der Wissenschaften

Ich war früh gekommen. Die Stille in der Aula markierte einen Kontrast zum Lärm auf der Straße – viel Verkehr draußen zu dieser morgendlichen Stunde. Drinnen schluckte der Teppich jedes Geräusch der Schritte. Die ledernen Sitze, in perfekten Reihen angeordnet, waren poliert worden, sodass sie bei jeder Bewegung quietschten und damit die Unruhe ihrer Insassen verrieten. Stille und Unbeweglichkeit in Vorbereitung auf das Zuhören. Das Ambiente roch genauso wie die Bibliothek des großen Museums, die ich während meines Studiums häufig besucht hatte. Es war der Geruch der Wissenschaft des 19. Jahrhunderts, der Geruch von alten Büchern, die selten konsultiert werden und nur wenigen zugänglich sind. Schließlich das Podium mit seinen Lehnstühlen, sechs erhöhte Plätze, von denen aus das Wort ergriffen wird. Nichts, wo Rita sich wohlfühlen würde. Sobald sie dort Platz nahm, merkte sie, dass es keinen Platz für ihre Beine gab.

Ich sag meinen Studenten immer, dass ich mit Schürze denke, während ich Spiegeleier brate. Dieser Ort hier – den ich mir so förmlich und so professoral vorgestellt habe – passt überhaupt nicht gut zu jemandem, der beim Spiegeleierbraten denkt.

> *Bei ihrer Vorstellung,* »vermutlich die beste, die ich je erhalten habe« *– wie sie sagte –, wurde Rita als eine Person hervorgehoben, die imstande ist, Überzeugungen infrage zu stellen und Theorien als kreativen Akt zu produzieren. Man stellte sie in die Nähe der bachtinschen Philosophie der Handlung und erklärte sie somit zu einem Teil eines großen kritischen Projekts. Außerdem feierten die Organisatoren, dass der Vortrag an einem Ort wie diesem stattfinden würde. Später sollte einer von ihnen, in Bezug auf eine Diskussion über die exakten Wissenschaften, hinzufügen: »Ich sage das hier, in der Akademie der Wissenschaften; glücklicherweise sind ja die Hausherren gerade nicht anwesend.«*

Ich rede immer über meine Kritik am populären Weberianismus und sage, dass wir mit einem Verdacht denken müssen, mit der Kategorie des ricoeurschen Verdachts, und mit jenen Denkern, die sagen, dass das Bewusstsein für das Subjekt selbst nicht durchschaubar ist. Es ist notwendig, den eigenen Gewissheiten ebenso zu misstrauen wie den hegemonialen Diskursen, der Phantasie und der Ideologie. Es ist auch notwendig, zu diesen Kategorien zurückzukehren, zum Verdacht gegenüber den Erzeugnissen der eigenen Phantasie und der gesellschaftlichen Ideologie. Das Denken und die Handlung – das ist ein Thema, das mich sehr beschäftigt, und es ist auch die Grundlage des bachtinschen Denkens. Von daher bin ich hocherfreut, dass diese Verbindung in der Vorstellung meiner Person aufgezeigt worden ist.

Sprachwissenschaftler sagen, dass wir Frauen unsere Vorträge sehr stark »vorworten«, also dass es ein Merkmal weiblicher Diskurse und weiblicher Darlegungen von Erkenntnissen ist, diesen eine Reihe von Bitten um Erlaubnis oder Verzeihung angesichts des eigenen Sprechens voranzustellen: »Aber dies …, trotz dessen …, angesichts von …« Und in der Tat, jetzt gerade fühle ich mich genau so. Dies hier ist ein Ort, der zu »hochmütig« (im Englischen bedeutet ›supercilious‹ hochfliegend, arrogant, überheblich), zu grimmig, zu formal ist, der nicht zu einer Denkerin passt, die versucht, ihre akademische und professorale Position – übrigens beides männliche Positionen – zu degrammatikalisieren. Auch wenn wir den Körper

einer Frau haben, und auch wenn wir weiblich sind, die Institution ist es nicht.

Ich schaue mich um. An den Wänden der Aula hängen Bilder mit Listen der Mitglieder der Nationalen Akademie der Wissenschaften, mit ihrer mehr als hundertjährigen Geschichte, seit dem Ende des 19. Jahrhunderts. Praktisch alle von ihnen sind Männer.

Wie legt man einen Gedanken frei und höhlt gleichzeitig die Institution aus, untergräbt ihre Fundamente? »Puxando o tapete«, sagt man auf Portugiesisch, »den Boden unter den Füßen wegziehen«, sagen wir, den Boden dieses akademischen Raums, der männlich ist – und der aus dem Kloster hier nebenan stammt, wir haben es eben gesehen – und in dem man sich als eine distanzierte, neutrale, seriöse Figur verkleiden muss. Das ist mir mein ganzes Leben lang nicht gelungen, und es wird mir auch jetzt nicht gelingen, wo ich schon im Begriff bin, alt und grau zu werden.

Also rufe ich mir eine literarische Figur vor Augen, die ich liebe und die mich darstellt. Es ist Elizabeth Costello von J. M. Coetzee in *Das Leben der Tiere*. Costello ist eine recht bekannte Professorin, die hier und da zu Vorträgen eingeladen wird. Wenn sie einen Vortrag über etwas halten soll, das sie vor zwanzig Jahre geschrieben hat, dann kommt sie und spricht über das Leben der Tiere, was sie in Wahrheit am meisten interessiert, weil sie dort, glaube ich, das Liebenswerte wahrnimmt, die warmherzige und lebendige Natur der Existenz. Als weibliche literarische Figur wurde sie von einem Nobelpreisträger erdacht: Mann, Südafrikaner, Kritiker, aus einer zutiefst rassistischen und frauenverachtenden Welt stammend, Coetzee. Es ist ein wunderbarer Entwurf, eine wunderbare Darstellung einer Frau und Professorin, denn sie ist jemand, die immer dadurch überrascht, dass sie sich schlecht benimmt, sich total schlecht benimmt in Bezug auf die Erwartung ihres Publikums. Sie kommt immer rein und redet einfach über das, wozu sie Lust hat. Nicht aus Boshaftigkeit und nicht aus Anmaßung und noch viel weniger aus Geringschätzung ihres Publikums, sondern ganz im Gegenteil, Elizabeth Costello ist so, und ich benutze sie als Entschuldigung für meine Art zu sein, denn letztlich ist sie eine literarische Figur, und von dieser Position aus ermächtigt sie mich. Ich glaube, wir Akademiker sollten innehalten und über die Bedeutung von Elizabeth Costello nachdenken, über ihre ›Lektion‹.

> *Wir waren gewarnt. Rita würde die Erwartungen nicht erfüllen, sie würde sich schlecht benehmen, sie würde viel lachen, sie würde uns mit unvorstellbaren Bespielen überraschen. Bis dahin hätten wir das auch erahnen können. Aber vielleicht hat sie mit ihrem Humor, ihrer Ablehnung jeder Ernsthaftigkeit und jeder Distanz, mit der Offenlegung ihres Unbehagens und ihrer Unsicherheit von Beginn an einen sehr ernsthaften Versuch skizziert, die Struktur dieses akademischen Raums zu untergraben und sich dafür im Voraus entschuldigt. Wir konnten zusehen, wie sich die altehrwürdige Atmosphäre der*

Akademie der Wissenschaften an der Universität Córdoba in Luft aufzulösen begann.

Vom Spiegelei zum Omelett. Der Ursprung des Kampfs um die Quoten

Bei ihrer Vorstellung hatte man darauf hingewiesen, dass es das dritte Gespräch über universitäre Themen war, an dem sie teilnahm, alle von der Gewerkschaft der Lehrenden organisiert. Sie sagt: »Ich sag immer das Gleiche: Ich komme.« *Wir lachen. Diejenigen von uns, die sie schon häufiger gehört haben, wissen, dass sie, auch wenn sie einige Dinge wiederholt, nie das Gleiche sagt. Sie bringt neue Zusammenhänge, analysiert andere Ableitungen. Mit ihren Texten geschieht etwas Ähnliches. Es gibt etwas in dieser Bewegung, das die Kreisläufe eines lebendigen, offenen Denkens freilegt, weit entfernt von jeder heiliggesprochenen und unbeweglichen Formel.*

Während der Vorstellung musste ich, wie immer, wenn von der Universität die Rede ist, an den Kampf denken, der mein Leben in den vergangenen 14 Jahren geprägt hat: Der Kampf für die rassiale Quote, die ›Affirmative Actions‹ oder positive Diskriminierung. Letztlich ein voller Erfolg im Prozess der Inklusion von *nichtweißen* Studenten an den Universitäten, den wir an der Universität von Brasília begonnen haben. Wobei: Wir haben nie einen wirklichen vollen Erfolg, denn der Verrat der Geschichte ist immer anwesend, vor allem der Verrat des Staates. Und ich musste an das denken, was eine Professorin in meinem eigenen Fachbereich Anthropologie – der am Ende der reaktionärste aller Fachbereiche der Universität war – zum Thema Inklusion gesagt hat. Als ich anfing, davon zu sprechen, sagte sie zu mir: »Hier an der Universität gibt es keine Karitas, das ist nicht der Ort für Wohltätigkeit.« Dieser Satz klingt bei mir bis heute nach, unbeantwortet und mit einem Gefühl der Trostlosigkeit: Ein Ort ohne Nächstenliebe und Wohlwollen, ein Beruf, in dem die Liebe ein Schimpfwort ist!

›Raza‹: Die Hinwendung zu einem ihrer großen Themen, jenem, das mich zur ersten Begegnung mit ihren Ideen geführt hatte. Dieses Mal geht um ›Rassialität‹ an der Universität, an ihrer Universität, also an ihrem Arbeitsplatz und in ihrer persönlichen Erfahrung: »Ich habe mich sehr intensiv damit beschäftigt, auch aus therapeutischen Gründen«, *sagt sie* – »denn in der Frage der Rassialität kommen viele Dinge zum Vorschein.« *Der Kommentar nimmt auch Bezug darauf, dass beinahe jeder Cordobeser fast ein Psychoanalytiker ist. Man hört nervöses Lachen.*

Wie ich bereits bei anderer Gelegenheit hier vor dem ›Gremium der Lehrenden und Forschenden von Córdoba‹ berichtet habe, haben wir in Brasilien einen großen Kampf um rassiale Quoten, um die positive Diskriminierung geführt. In der *schwarzen* brasilianischen Bewegung war dieses Projekt schon seit langem diskutiert worden. Doch der Kampf, der schließlich zum Ziel führen sollte, begann 1998, ausgehend von einem Fall von Rassismus im Fachbereich Anthropologie. Es ging um einen *schwarzen* Doktoranden, der noch dazu arm war und schwul und aus dem Nordosten des Landes kam. Und der in Verbindung mit diesen Eigenschaften ein ganz vortrefflicher Student mit einer sehr guten Schreibe war. Eine Kombination, die seinen Professor in der sehr klassischen Disziplin »Verwandtschaftsbeziehungen« des Studiengangs Anthropologie zutiefst verunsichert und geärgert zu haben scheint. Gehen wir mal davon aus, dass der Professor das nicht ertragen konnte. Er ließ den Studenten vier Texte schreiben, korrigierte nicht einen davon und ließ ihn durchfallen. In meiner Funktion als Koordinatorin des Studiengangs musste ich mich dieser unglückseligen Situation stellen, und die Ereignisse, die dann folgten, haben mein Leben, mein Verständnis von Brasilien und das von der Universität verändert. Die Franzosen sagen ja: »Man kann kein Omelette machen, ohne die Eier zu schlagen.« Und ja, die Eier sind ziemlich heftig geschlagen worden. (*Man hört mehr Lachen.*) Als der Student mir die ganze Geschichte erzählt, sage ich zu ihm: »Bitte den Professor darum, das zu tun, was man normalerweise tut. Er soll dir eine zweite Chance geben und dir erklären, was geschehen ist, warum du durchgefallen bist, und dir erlauben, einen neuen Text zu verfassen.« Aber als er das tat, hat der Professor ihm geantwortet: »Ich rede nicht mit Versagern.«

Das ist der Ausgangspunkt der Geschichte der positiven Diskriminierung in Brasilien, das ist ihre eigentliche Geburtsstunde. Und zwar nicht etwas, weil es die Forderungen in den Kämpfen der *schwarzen* Bewegung nicht auch gegeben hätte, sondern weil ausgehend von dieser ungeheuren Ungerechtigkeit an der Universität von Brasília der Kampf für die positive Diskriminierung die Grenzen dieser Bewegung verlassen hat und ein nationaler geworden ist. Auffällig war der Umstand, dass der Student mit den vier Arbeiten, die er abgegeben hatte, sofort durchgefallen war, ohne dass der Professor ihm irgendeine Erklärung dazu gegeben hätte. Die Arbeiten enthielten keinerlei Anmerkungen des Professors, sie wurden ihm völlig unangetastet zurückgegeben. Als Koordinatorin des Doktorandenstudiums in jener Zeit begann ich gemeinsam mit dem Studienberater eine lange Auseinandersetzung um seine Benotung, die für ihn auch mit dem Erhalt seines Stipendiums und damit der Möglichkeit der Fortsetzung seiner Promotion verknüpft war. Das extrem langwierige und strapaziöse Verfahren

auf der Suche nach Gerechtigkeit für diesen Studenten dauerte ganze zwei Jahre, dann endlich wurde seine Leistung vom höchsten Rat der Universität akzeptiert und ihm wurden entsprechende Punkte zuerkannt. Das Argument, das den Sieg garantierte, basierte auf einem Verfahrensfehler des Professors, denn die Statuten der Universität besagen, dass die Bewertung eine seiner pädagogischen Aufgaben ist, das heißt, er kann niemanden ohne jede Erklärung durchfallen lassen. Es gab auch einen Hinweis auf eine »persönliche Antipathie« des Professors gegenüber dem benachteiligten Studenten. Die Note wurden ihm aber nur aus dem genannten Motiv zugesprochen, und
zwar nach einer beeindruckenden Debatte, in der weder das Wort *Raza* gefallen war, noch die rassiale Frage, die der ganzen Sache zugrunde liegen könnte, erwähnt worden wäre. Der Ursprung des Kampfs für die Quoten ist also lokal. Es beginnt mit diesem Fall rassialer Diskriminierung im akademischen Bereich. Es wird unmöglich sein zu beweisen, welche der denkbaren »Antipathien« den Professor zu dem Versuch veranlasst haben mögen, die Karriere eines guten Studenten zu zerstören. Aber es ist schon möglich, die nahezu vollständige und verallgemeinerte Gleichgültigkeit, die diesen Fall umgibt, in einem Milieu, das »keine Karitas« kennt, zu benennen: Rassismus. Die Gleichgültigkeit gegenüber den Rechten einer in diesem Milieu ungewöhnlichen Person – ungewöhnlich aufgrund ihrer Rassialität – ist Rassismus, und zwar ohne jeden Zweifel. An diesem Punkt beginnt die große Unternehmung, Plätze für *schwarze* Studenten an den brasilianischen Universitäten zu reservieren. Ich sage und betone das, weil die Leute oft glauben, es handele sich um eine Kopie des nordamerikanischen Prozesses. Dem ist nicht so. Sein Ursprung ist das Durchfallenlassen dieses Studenten, und der Kampf für positive Diskriminierung, der schließ-

lich erfolgreich sein würde, beginnt genau dort. Und von dort aus breitet er sich im Land aus. Am Anfang sagten die Leute: »Diese beiden Professoren sind verrückt, die sollte man einweisen. Was fällt denen denn ein?« Es wurde gesagt, dass Karitas an der Universität fehl am Platze sei. Und: »Wie können wir zulassen, dass Menschen, die nicht auf ein akademisches Leben vorbereitet sind, an der Universität aufgenommen werden?« Das alles sind Grausamkeiten, von denen wir wissen, dass man sie dann sagen darf, wenn die Eliten es mit der Angst bekommen. Aber der Sieg war komplett. Heute, siebzehn Jahre nach der Zurückweisung des Studenten, gibt es ein nationales Quotengesetz für öffentliche Hochschulen, wobei die rassialen und ethnischen Anteile von den Universitäten gemäß dem prozentualen Anteil dieser Menschen in der jeweiligen Region festlegt werden. Dass diese Initiative heute sogar von einem ultrakonservativen Kongress akzeptiert wird, ist verdächtig, aber es zeigt auch, dass die Debatte etabliert ist und dass man dahinter nicht mehr zurückkommt.

Die Einleitung erinnert mich an etwas, das ich schon kannte. Ritas Ideen zu Raza *und Rassismus, die Arbeit an Argumenten, um eine Quotenpolitik zu verteidigen, und die Diskussionen darüber. All das gründet in jenem Akt von Rassismus, den sie miterlebt hat, im ethischen Impuls, diesen Studenten zu schützen, in der Unzufriedenheit mit einer Ordnung der Dinge und dem Bedürfnis, diese Ordnung herauszufordern. Das Ganze wirft auch für mich viele Fragen auf. Auch ich bin Lehrende und ich weiß, dass solche Fälle häufiger geschehen, als wir zuzugeben bereit sind.*

Die Fallstricke des Sieges

Der Streit um die Quote endete nicht mit der Verkündigung des Vollzugs, welche auf die Zustimmung zum Projekt im Nationalkongress folgte. Sie ging weiter.

Es gibt vier Gründe oder Motive für inklusive Maßnahmen, die, obwohl sie aus ideologischer Sicht antagonistisch sind, kurioserweise, wenn es um die Unterstützung dieser positiven Diskriminierung geht, konvergieren. Das erste Motiv ist das sozialistische: eine egalitärere Welt zu schaffen. Das zweite ist die Idee der Wiedergutmachung: eine Rückerstattung dessen, was bestimmten historisch kollektiven Subjekten – die Massaker erlitten, die enteignet und über Jahrhunderte im Verhältnis zu anderen benachteiligt worden waren – genommen worden war. Und daher einer Wiedergutmachung bedurfte. Der dritte Grund ist die Marktlogik: den Markt, die Konsumenten zu pluralisieren, das ist etwas, was den Markt interessiert, somit gibt es sogar im Kapital ein Motiv für inklusive Maßnahmen. Und das vierte Motiv – heute glaube ich, das wichtigste von allen – ist das pluralistische Motiv: weil wir davon ausgehen, dass dieser generisch *nichtweiße* Student, sei er indigen oder *schwarz*, an die Universität kommen und sie durch seine Präsenz, seine Fragen, seine Interessen und seine Techniken der Soziabilität in einen pluralen Raum verwandeln wird.

Später wird jemand auf den Widerspruch zwischen dem Signifikant Universität und diesem pluralistischen Motiv hinweisen. Eine andere Person wird einen weiteren Widerspruch hinzufügen, nämlich jenen, der sich zwischen den inklusiven Diskursen und Handlungen einerseits und den »grausamen« Reproduktionspraktiken der hegemonialen Modelle der Wissensproduktion andererseits ergibt.

Eine ›Pluri-Universität‹ wäre ein Ort, an dem Wissen nicht nur produziert, sondern auch nachgefragt wird. Geschieht das auch? Nein, es geschieht nicht. Und warum geschieht es nicht? Es geschieht nicht aufgrund von etwas, dass ich bereits hinsichtlich der Moderne und des Staates, also mit Blick auf den Diskurs der Rechte und den institutionellen Diskurs, beschrieben habe. Mit derselben Geste bietet der Staat mit der einen Hand an, was er mit der anderen bereits zerstört hat und weiter im Begriff ist zu zerstören. Es ist der Prozess der Moderne, der gleichzeitig sein Übel einführt und Medikamente gegen dieses Übel erfin-

det. Im Fall der Maßnahmen zur Inklusion und insbesondere bei der Erfahrung mit den Quoten, die ich aus der Nähe begleitet habe, hat sich die Institution ganz ähnlich verhalten: Sie hat etwas gegeben, und mit derselben Geste hat sie es verraten.

Wenn Rita den Verdacht auf den Staat lenkt, macht sich in der Regel ein gewisses Unbehagen bei ihrem Publikum bemerkbar, in dem meist auch Aktivisten anwesend sind, die um Positionen in der staatlichen Struktur kämpfen und/oder eine Ausweitung von staatlichen Rechten verfechten. Sie weiß darum, dieses Unbehagen ist Teil ihres Arguments.

Ich weiß, es ist sehr schockierend, was ich gerade gesagt habe. Wir haben darüber in diesen Tagen ziemlich viel mit den Teilnehmern meines Seminars diskutiert. Ich erlebe häufig offene Feindseligkeit des Publikums, wenn ich meine Zweifel am Staat äußere. Wir haben Vertrauen in den Staat, Vertrauen in den Bürger, es ist das Vertrauen der aufgeklärten Klassen unserer Zeit. Ein ungewisses Vertrauen in das Rechtssystem, das, wie schon Agamben festgestellt hat, nichts anderes als eine Illusion, eine Frage des Glaubens ist. Wir hegen die Illusion, dass wir, weil es irgendwo in der Ferne, am Ende einer Straße, in einer Art Kloake des von uns bewohnten Territoriums, ein Gefängnis gibt, sicher sind: Du wirst mich nicht umbringen, ich werde dich nicht überfallen. Diese Vorstellung ist eine Fiktion, eine Grammatik, die eine Ordnung unter uns herstellt und die soziale Interaktion relativ vorhersehbar macht, indem sie uns eine Erwartung darüber haben lässt, wie das Verhalten derjenigen sein wird, mit denen wir interagieren. Aber diese Erwartung wird manchmal nicht erfüllt, und wenn das geschieht, ist es für den Staat schwierig, uns zu verteidigen. In Anbetracht der Anzahl der Verbrechen gegen Menschen gibt es nur für einen Teil – einen kleinen Teil im Falle unserer Länder – ein Urteil, das von einem Richter gesprochen wird. Das sind die sogenannten »schwarzen Zahlen« der Justiz. Dieser Exkurs soll verständlich machen, dass unsere Gewissheiten bezüglich der Rolle des Staates und der Gesetze, die wir bei ihm verorten, in Wahrheit in vielen Fällen mehr damit zu tun haben, was wir glauben, als mit dem, was wir wirklich erwarten dürfen.

Zurück zur Universität als einem der staatlichen Räume: Was hat die Universität mit den Quoten gemacht? Ich habe es eben schon angedeutet. Die Universität hat für die Maßnahme gestimmt, und mit derselben Geste, mit der sie dafür gestimmt hat, hat sie dies stillschweigend unter drei Bedingungen getan, die ganz eindeutig vorhanden waren, aber nie explizit gemacht wurden: Erstens, dass der neue Typus von Student sich an der Universität frei und ungehindert in der Gestaltung einer individuellen Karriere fühlen solle. Obschon es im ursprünglichen Entwurf vorgesehen war, war nichts vorbereitet worden, damit dieser Student seinen Beginn an der Universität in irgendeiner anderen Art und Weise als derjenigen denken könnte, die allein auf einen persönlichen Nutzen abzielt. Was bedeutet das? Dass er ohne Verpflichtungen, ohne jede Gegenleistung für jene Gruppe, jene Kommune, jene Verwandtschaft, jenes *Pueblo*, jene Rassialität, jene Herkunftsgruppe in die Universität eintritt, die ihn als Anwärter auf den Nutzen dieser Maßnahme positiver Diskriminierung auserkoren hat. Zweitens wurde nichts dafür getan, dass die Universität verhindert, dass der Studenten von einer Amnesie bezüglich seiner Herkunft befallen würde. Seine Körperlichkeit, seine Gestik, seine Affektivität, seine Arten, sich in Beziehung zu setzen, seine Techniken der Soziabilität – all das wurde durch die Universität tiefgreifend verändert. Gefügige Körper, gefügige Geister, schutzlos dem Mandat ausgesetzt, das *weiße*, eurozentrische, akademische Subjekt zu verkörpern. Es machte sich ein Vergessen breit, das ich in diesem Fall als ›Amnesie der Herkunft‹ bezeichne. Drittens förderte man die Amnesie der Wechselfälle des Prozesses, der zur Annahme der Maßnahme geführt hatte, also der Historie der positiven Diskriminierung in Brasilien selbst. Die Überlieferung der Kämpfe und Entbehrungen, die die Einführung dieser Politik ermöglicht hatten, an jene Studenten, die nun von dieser Maßnahme der positiven Diskriminierung profitierten, wurde offen zensiert. Man hat diese Erinnerung ausgelöscht und damit wurde auch die Pädagogik von Kampf und Gewinn, die es für uns gegeben hatte, stillgelegt. Drei bedeutsame Fälle von Verrat, die zusammen betrachtet folgende Aussage erlauben: Ja, man hat die Maßnahme durchgesetzt, weil es den Eliten unmöglich war, dagegen zu argumentieren und sie zu stoppen – es gab schlicht kein Argument für eine so *weiße* Universität in der größten afrikanischen Nation nach Nigeria –, aber nur unter einer Bedingung: ihrer vollständigen Entpolitisierung. Das ist es, was ich eben als »Verrat des Staates« bezeichnet habe.

In der ersten Textfassung des Quotenvorschlags hatte ich erklärt, dass der Kampf für die positive Diskriminierung kein revolutionärer Kampf ist: Er würde nicht die Gesellschaft verän-

dern, aber er würde auf eine Bürger-Bildung abzielen. Er würde zeigen, dass es mit einer einzigen Entscheidung möglich ist, einen Wandel einzuleiten und das Umfeld, in dem wir leben, zu verändern. Und damit könnte er die Erwartungshaltung hinsichtlich der Frage verändern, wo das Zeichen des *schwarzen* Körpers überhaupt präsent sein kann. Das heißt, den Blick daran zu gewöhnen, dieses Zeichen in Umgebungen anzutreffen, in denen es bisher nicht präsent gewesen ist. Dieser Wandel, das Durchsetzen und Garantieren, dass der *schwarze* Körper in Räume wie jenen der Universität gelangen würde, den Ort ›par excellence‹ für die Reproduktion von Eliten, war das, was
im Quotenprojekt als eine bürgerliche Bildungsidee beschrieben wurde. Die Aktion verändert unseren Blick darauf, wer in der sozialen Welt wer ist. Und obendrein ist der enorme Gewinn dieses Kampfes um die rassiale Inklusion an den Universitäten die Agitation. Und in Brasilien wurde agitiert. In der letzten Debatte des ersten Wahlgangs, der dann zur ersten Präsidentschaft der Arbeiterpartei von Lula führen sollte, war die Eingangsfrage an die Kandidaten eine Frage zu Quoten an den Universitäten. Das Thema hat die Gesellschaft bewegt und sie dazu gebracht, über etwas zu sprechen, worüber sie noch nie gesprochen hatte, nämlich den Rassismus, über den auch hier in Argentinien wenig gesprochen wird. Es war nicht in Durban, es war nicht die *schwarze* Bewegung, es war die unmittelbar bevorstehende drohende Gefahr, die Universitäten in rassialer Hinsicht zu demokratisieren. Was man bei der Implementierung dieser Maßnahme aber ausblendete, war der Prozess selbst, der zu ihr geführt hatte und der wichtiger ist als die Maßnahme als solche. Das ist die Falle. Der Student kommt rein und macht seine individuelle Karriere. Er weiß nicht, warum er jetzt dort ist. Er denkt nur, dass es so ist, weil sich wohl

irgendeine Regel geändert hat. Er wird auch nicht danach fragen, denn er ist gekommen, um zu lernen, wie man *weiß* ist. Was ich damit sagen will? Dass die Maßnahme zwar implementiert wurde, aber auch komplett entpolitisiert, jeglichen politischen Charakters beraubt.

Welche Lehren lassen sich aus dieser Geschichte des Kampfes um die Quoten ziehen? Handelt es sich um eine Warnung vor der Ambivalenz des Staates und der Fragilität der Errungenschaften auf diesem Feld? Handelt es sich um eine Relativierung des tatsächlichen Ausmaßes der Veränderungen, die durch die Maßnahme erzielt wurden – und die auf den ersten Blick so offensichtlich sind? Oder handelt es sich um ein Bild über die Fähigkeit der Universität, demokratisierende Tendenzen zu neutralisieren?

Rita würde den Begriff der Amnesie später nochmals benutzen, in Bezug auf eine Gruppe von Denkern, die ihre Ideen ausgehend von Vorschlägen von Aníbal Quijano entwickelt haben, ohne diese Beziehung explizit zu machen. Zu diesem Thema hat sie geschrieben, dass die Anerkennung der Autorschaft nicht den Besitz eines Diskurses bedeutet, sondern vielmehr der Komplexität des historischen Moments, die ein Autor in seiner Persönlichkeit und seinem Werk auf singuläre Art und Weise erfasst und verdichtet hat, die gebührende Bedeutung zugesteht. Autorschaft anzuerkennen bedeutet für sie die Geschichte zu respektieren, in der sich ein Gedanke und eine Position in der Welt entwickelt haben. Und sie pflegt zu sagen, dass auf dem Feld der Ideen die Beziehung, die wir zu den Ergebnissen unserer Bemühungen haben, keine des Besitzes ist, sondern eine der Verwandtschaft.

Meiner Ansicht nach würde die Anerkennung der Autorschaft des Quotenprojekts, seine Situierung im historischen Moment und die Kenntnis um den Prozess, durch den es zu einem Gesetz geworden ist, nicht nur bedeuten, eine Verwandtschaft in diesem Sinne zu respektieren. Sie würde darüber hinaus auch eine Verteidigung seines politischen Charakters angesichts der Amnesien des Kampfes bedeuten. Und sie würde ein Verständnis dafür fördern, wie eine rechtliche und normative Regulierung potenziell verändernd wirkende soziale Kräfte neutralisiert, die sich in Momenten der Agitation manifestieren.

Die Käfige des Hannibal Lecter. Akademische Evaluation und der Selbstmord des Denkens

In der Aufzählung, mit der sie ihren Vortrag skizziert hatte, hatte Rita das Thema der akademischen Evaluation als ihr letztes Vorwort benannt. Sie entwickelte es, bevor sie dann den Dialog für Fragen und Interventionen öffnete.

Die Evaluation, der wir heute im akademischen Leben unterliegen, ist ganz offen gesagt selbstmörderisch für das Denken, insbesondere auf dem Gebiet der Geisteswissenschaften, die – würde man zulassen, dass sie auf eigenen Füßen stehen – das einzige originäre Denken sein könnten, das auf unserer Seite der Welt möglich wäre, die einzige Produktion von Wissen, die für uns infrage kommt. Warum? Weil das Denken in den Naturwissenschaften Geräte und Elemente benötigt, die wir nicht haben, in Form von Laboratorien oder Computern, die von hochtechnologischen Entwicklungen abhängen, die wir in unseren Ländern nicht produzieren. Meistens können unsere Universitäten sich diese auch nicht leisten, was es unmöglich macht, auf dem Gebiet der Wissensproduktion in den Naturwissenschaften mit den Universitäten des Nordens zu konkurrieren. In den Geisteswissenschaften würde es dieses Problem im Prinzip nicht geben. Lange Zeit war der Zugang zu Informationen, zu Daten und zu den Beständen der großen Bibliotheken ein Problem. Das ist es heute nicht mehr. Oder sagen wir, in Wahrheit hat es sich in ein Problem mit umgekehrten Vorzeichen verwandelt. Wir ersticken an Information, werden darunter geradezu begraben, und wir sind nicht Herr über die Muster der Lektüre, die uns mithilfe der Information sicher auf einen Weg der Autorschaft führen würden. Es ist erst fünfzehn Jahre her, da war der Zugang zu Information ein ernsthaftes Problem, weil es an Information mangelte. Heute existiert, wie gesagt, das Problem mit umgekehrten Vorzeichen. Daher sollten die Geisteswissenschaften keine Schwierigkeiten haben, die Produktion eigener originärer Kategorien aufzunehmen, indem sie selbst Muster der Lektüre der Historie und der Gesellschaft zu modellieren beginnen, und zwar auf eine Art und Weise, die sensibel für unsere Welt, für unsere geopolitische Position in der Welt ist, denn die dafür notwendigen Elemente sind allein die Referenzen aus Lektüren und Archiven. Das heißt, sie arbeiten mit Information und brauchen, wenn es hochkommt, Zugang zu Daten und Wissen über bereits andernorts formulierte Kategorien. Dieser Zugang hat sich durch das Internet auf beeindruckende Art und Weise demokratisiert. Das Problem heute ist genau das gegenteilige, denn die Information führt, ohne einen Weg zur Autorschaft, also einen Weg, sie zu verdauen, zu verwalten und auszuwählen, zu nichts, sie allein bietet keinerlei Antworten.

Also: Wir haben das Feld der Beobachtung um uns herum und wir haben Zugang zu Literatur in einem nie vorhandenen Ausmaß. Warum schaffen wir in den Geisteswissenschaften also nicht den Sprung, auch theoretische Kategorien zu formulieren, die um die Welt gehen, die über die große Barriere hinwegkommen, die permanente große Barriere der Welt, die jene zwischen

Norden und Süden ist? Warum können wir sie nicht mit von hier aus formulierten Kategorien von Süden in Richtung Norden überqueren? Es ist sehr selten, dass das geschieht, es ist die absolute Ausnahme, dass jemand dieses Kunststück vollbringt. Warum? Weil wir die Konsumenten von theoretischen Kategorien sind. Die Rolle, die uns in der globalen intellektuellen Arbeitsteilung zukommt, ist diejenige des Konsumenten von Theorie, und, wenn überhaupt und auch das selten, diejenige eines Lieferanten von Rohmaterial – Daten aus unserem Territorium –, die dann verwandelt und weiterverarbeitet werden und als »Denken« aus dem Norden wieder zu uns zurückkommen. So werden wir betrachtet, durch die Linse der Erwartung an die zugedachten Rollen. Rollen, die durch die Kolonialität des Wissens und seine anhaltende ungleiche Aufteilung der intellektuellen Arbeit stabilisiert werden. Der Zugang zu Information hat daran nichts zu ändern vermocht.

Das, was das ordnungsgemäße Funktionieren dieser Maschinerie der Reproduktion von Ungleichheit kontrolliert, ist ein Marktdispositiv, das mit der Verfertigung und Verbreitung von Ideen in wissenschaftlichen Zeitschriften und Büchern zusammenhängt – kurzum: der Zugang zur Verlagsindustrie mit globaler Reichweite in englischer oder französischer Sprache. Dieses ideologische und verlegerische Marktdispositiv diktiert, dass die theoretische Arbeit, also die Aufgabe, Prozesse in Gleichungen zu modellieren, die zu einer Verallgemeinerung von Analysemethoden führen, eine Arbeit des geopolitischen und sprachlichen Nordens ist. Und diese Konstellation hat sich konstant verfestigt, anstatt sich zurückzubilden. Die Kolonialität des Wissens auf dem Gebiet der Geisteswissenschaften hat trotz des großen und steilen Niedergangs der intellektuellen Vorstellungskraft des Nordens in den vergangenen zwei Jahrzehnten nur weiter zugenommen. Denn vergessen wir nicht, dass Theorie Macht bedeutet. Das Raster der Kategorien beschreibt nicht nur einige Dimensionen der Welt, sondern schreibt allem voran vor, wie die Welt ist und sein wird, ihre Lesart, ihr Verständnis, die Auswahl dessen, was relevant und was irrelevant ist, das Paradigma, das den Blick einer Epoche orientiert und nicht zuletzt die Art und Weise, in der all das formuliert werden soll.

Es ist eine Diskrepanz entstanden. In den vergangenen Jahren hat Argentinien die öffentlichen Investitionen in wissenschaftliche Forschung und technische Entwicklung erhöht. Jemand hat gesagt, es sei bereits kein Traum mehr, ein konkurrenzfähiges Niveau zu erreichen, zumindest in einigen Fachgebieten, und dass man Abstufungen hinsichtlich der wirtschaftlichen Aspekte zwischen Geistes- und Naturwissenschaften einführen solle. Ich habe mich gefragt, ob die Aufstockung der Budgets die internationale intellektuelle Arbeitsteilung in irgendeiner Weise grundsätzlich infrage stellen würde. Gibt es nicht eventuell neue Fallstricke des Marktes und des Staates? Verstärken sich nicht sogar einige Aspekte der Kreisläufe von Abhängigkeiten? Passiert es nicht erneut, dass das, was mit der einen Hand gegeben wird, mit der anderen wieder ruiniert wird?

Vielleicht habe ich mich nicht klar genug ausgedrückt. Zudem kann ich nicht angemessen über das sprechen, was in den Naturwissenschaften geschieht, weil es nicht mein Gebiet ist. Meine Erfahrungen und meine Sorge kommen aus den Verhärtungen auf dem Gebiet der Geisteswissenschaften. Auf diesem Gebiet sind die Maßnahmen der akademischen Evaluation, die man ergriffen hat – oder besser gesagt, die von unseren Managern der Wissenschaft und Technologie befolgt werden –, selbstmörderisch, denn sie blockieren den Weg zur Autorschaft noch zusätzlich. In Brasilien änderte sich das System der Evaluation im

Jahr 1998, als man die Parameter, die in Betracht gezogen wurden, vollständig an quantitativen Leistungskriterien ausrichtete. In Argentinien geschah es etwas später. Ich war Mitglied der Evaluierungskommission der CAPES (dem brasilianischen Äquivalent der CONEAU in Argentinien)* für die Postgraduierten-Programme in Anthropologie in genau dem Jahr, in dem diese Kriterien eingeführt wurden. Diese Erfahrung hat mich entsetzt, und zwar aus zwei Gründen: zum einen, weil ich begriff, wie die Evaluation von diesem Moment an laufen würde. Und zum anderen angesichts der Fügsamkeit des akademischen Lehrkörpers. Seit diesem Moment ducken alle den Kopf weg.
Die Vorgabe, die verordnet wurde, kann man folgendermaßen zusammenfassen: »Ja, bevor wir darüber nachdenken, was man aus Interesse wirklich fragen-analysieren-sagen-schreiben möchte, aus Neugierde, aus Leidenschaft, aus Verrücktheit oder Verspieltheit oder aus einem kreativen Impuls heraus, ist es unbedingt notwendig herauszufinden, welche wissenschaftliche Zeitschrift die nützlichste für eine Veröffentlichung ist bzw. wo es die höchste Punktzahl in der Evaluation gibt, und dann müssen wir zusehen, wie man das so formuliert, dass es eine Chance hat, von dieser Zeitschrift angenommen zu werden.« Das ist es, was ich Ihnen hier als ein selbstmörderisches Kalkül für das Denken beschreibe. Es ist besser, in einer Bankfiliale zu arbeiten und sich dem Denken nach Feierabend, in der »unproduktiven« Zeit, zu widmen, als an der Universität zu bleiben, um zu denken. Die Universität ist heutzutage genau

* *Coordenação de aperfeiçoamento de pessoal de nivel superior* bzw. *Comisión Nacional de Evaluación y Acreditación Universitaria*, die nationalen, jeweils dem Bildungsministerium unterstellten Behörden für universitäre Evaluierung und Akkreditierung.

der Ort, der das nicht zulässt, insbesondere die Universitäten in unseren Ländern, in denen eine besonders rigide formalistische Agenda vorherrscht. Es existiert nicht einmal mehr eine Nische für diejenigen, die nicht dem festgelegten Kanon gemäß funktionieren, der von Managern, der neuen Technokratie des wissenschaftlich-technologisch Bildungssystems, streng überwacht wird. Es ist ein Regime des bürokratischen Autoritarismus über die Welt der Ideen, das uns daran hindert, über die Fragen nachzudenken, die uns bewegen, und das uns zwingt, ganz auf sie zu verzichten. Als Forscher und als komplettes Studienprogramm denken wir für diese oder jene in den Veröffentlichungen hoch gerankte Zeitschrift. Außerdem ignorieren wir, dass die evaluierende Neutralität dieser Zeitschrift eine Fiktion ist, denn neben vielen anderen Bedingungen, für deren Darlegung ich hier keine Zeit habe, wird die Annahme des Textes für eine Publikation von den Zitaten abhängen. Wenn bestimmte Autoren nicht auftauchen, dann werde ich keine positive Begutachtung erhalten. Das, was wir schreiben, hat die Aufgabe, zu einer Validierung dessen zu führen, was im Norden gedacht wird. Und trotzdem haben wir uns in totaler Fügsamkeit daran gehalten und gesagt: »Das ist der Weg, um an der Universität zu bleiben? Gut, dann machen wir es so.« Ein Selbstmord des Denkens.

Zu Beginn des Vortrags, als sie von der Dualität des Staates gesprochen hatte, hatte Rita Agamben zitiert, um zu sagen, dass das Gesetz eine Frage des Glaubens ist. Nach einer Pause hatte sie hinzugefügt: »Und nicht nur, weil das Agamben sagt! Schon wieder das System der Validierung.« *Viele von uns lachten erneut.* »Ihr glaubt mir, weil es Agamben gesagt hat, oder? Weil der in alle Sprachen übersetzt ist. Perfekt, aber wir sollten uns dieses Manövers bewusst sein.«

Hätten wir ihr geglaubt, wenn Agamben das nicht gesagt hätte? Hätten wir ihren Gedanken in der gleichen Art und Weise aufgenommen? Gibt es einen Grund, über eine solche Ironie zu lachen?

In Brasilien heißt das Ranking, welches hinter all diesen Berechnungen steht, ›Qualis‹. Ich vermute, in Argentinien gibt es etwas Vergleichbares. Es ist eine hierarchisierte Liste von periodischen Veröffentlichungen, also wissenschaftlichen Zeitschriften, geordnet nach dem Grad ihrer Internationalisierung. Für Monographien gibt es hier keinen Platz, sie werden in den Erwägungen zur Wertigkeit einfach übergangen. Und was bedeutet ›international‹ in einem solchen System? Publikationen aus Bolivien oder Guatemala zum Beispiel gelten nicht wirklich als international.

Da der große Markt für den Erwerb und die Verteilung von Ideen der Norden ist, bedeutet ›international‹: erworben, weiterverkauft und umverteilt – mit anderen Worten: validiert – durch den Norden. Das ist, wenn man ehrlich ist, die Bedeutung von ›international‹. Die Positionen der Zeitschriften ändern sich in diesen Rankings, das heißt, zuerst gilt es jedes Jahr im ›Qualis‹ nachzuschauen, um zu wissen, welche am besten geeignet sind. Dann gilt es zu sehen, wie man in der jeweiligen Zeitschrift schreibt, was publiziert wird, was ihre Hauptthemen sind, welche Texttechniken sie interessieren. Am Ende versucht man sich dem anzupassen, um dann auszuprobieren, ob sie einen Artikel annehmen und veröffentlichen.

All das ist eine tödliche Falle für das Denken, und zwar aus verschiedenen Gründen. Das erste Problem, ich sagte es bereits, ist der produktivitätsorientierte bzw. formalistische Aspekt. In Zukunft wird es weniger auf den Inhalt dessen ankommen, was wir schreiben, oder auf die Abschlussarbeiten unserer Stu-

denten, als auf die Quantität in einer bestimmten Zeitspanne und die Kontinuität von Publikation in hoch gerankten Zeitschriften. Der Inhalt wird im Verhältnis zur Anzahl zweitrangig. Zweitens lernen wir so, uns selbst mit dem Auge des Norden zu betrachten, womit wir uns in eine ödipale Struktur begeben. Wir müssen sehr genau lernen, wie dieses Auge in akademischer Hinsicht die Welt betrachtet, um uns anzupassen und um positiv von ihm gesehen zu werden. Es ist das Gesetz des Vaters. Drittens führt es uns zu dem, was ich als Reziprozitätsfiktion bezeichne, also dazu, Zitate zur Legitimation anzuführen, die
 auf der Illusion gründen, Teil eines Universums von Referenzen der Autoren zu sein, die wir zitieren. Dem ist nicht so. In außergewöhnlichen Fällen kann es sein, dass jemand aus dem Norden die Rohdaten, die wir über unsere eigenen Realitäten erheben, verwendet, in der Regel allerdings, ohne die Urheber zu benennen. Wenn er uns zitiert oder auf unsere Nachrichten antwortet, dann aus reiner Zweckmäßigkeit. Ein Kontakt wird nur dann entstehen, wenn wir irgendeinen Einfluss auf Verlage haben, der die Übersetzung seiner Werke in unsere Sprachen erleichtert, und so seine Chancen erhört, mehr Mittel von seinen Geldgebern zu erhalten. Es kann auch vorkommen, dass der Kontakt mit dem Ziel entsteht, uns zu kopieren, zu versuchen, sich unser Denken anzueignen. Das ist die einzige Rolle, die wir im Kreislauf der Kolonialität des Wissens spielen dürfen. Das vierte Problem der Evaluation, das noch mehr Schaden anrichtet, besteht darin, dass es unsere tatsächlichen Interaktionen zerstört. Es ist nicht mehr von Interesse, miteinander zu reden, Gespräche mit jenen zu führen, die sich räumlich neben uns befinden. Wir können uns notgedrungen in Sitzungen des Kollegiums zusammenfinden, um bürokratische Entscheidungen zu treffen, aber nicht, um zusammen zu

denken. Die Autoren, die wir so sehr bewundern, haben in Gesellschaft gedacht – etwas, worin wir sie nicht imitieren. Sie alle hatten Freunde und Kollegen, mit denen sie sich trafen, denen sie ihre Texte schickten, von denen sie Kommentare erhielten, sie tranken gemeinsam Kaffee – kurzum: Sie haben zusammen gedacht. Bachtin zum Beispiel war ein großer Denker im Gespräch, so sehr, dass er manchmal seine Texte mit dem Namen desjenigen zeichnete, mit dem er darüber gesprochen hatte. Diese Geselligkeit und diese Gespräche haben zur Entstehung eines Großteils des europäischen Denkens geführt. Und genau das geben wir auf, wenn wir uns dem eurozentrischen Traum
hingeben, denn wer auch immer wertvoll ist, wer auch immer uns validiert, er wird nie an unserer Seite oder in unserer Nähe sein. Das Auge des Nordens ist das einzige, dass uns erlauben wird zu beurteilen, ob das, was wir tun, interessant ist. Und es gibt noch ein Problem der Evaluation, insbesondere auf dem Gebiet der Geisteswissenschaften: der Umstand, dass sie Zeitschriften priorisiert, nicht Bücher. In welcher Form hat sich, wenn man die Geschichte betrachtet, das lateinamerikanische Denken am besten ausgedrückt? Genau: im Essay, im Buch, nicht in Artikeln, die durch die Redaktionstechniken der Zeitschriften des Nordens formatiert werden.

Also: Keine Essays schreiben, weil das nicht zweckmäßig für die Evaluation ist. Nicht in Gesprächen denken, denn Gespräche haben keinen produktiven Wert. Wie soll man auch Gespräche evaluieren? Das ist alles nicht zweckmäßig. Man muss alleine sein, sich einschließen und Artikel verfassen, ›Papers‹. Hierin besteht das selbstmörderische Kalkül des Denkens. Wir müssen uns all dieser Grenzen bewusst sein, die dem Denken in unseren Ländern heute mehr denn je auferlegt werden. Wir müssen imstande sein, sie zu überwinden, um wieder so zu denken, wie wir immer gedacht haben, so gut wie eben möglich.

In manchen Gesprächen habe ich über das Eingesperrtsein und die Isolation nachgedacht, als Schlüsselaspekte einer Figur der cinematographischen Fiktion, die, glaube ich, sehr gut das Bild des intellektuellen Subjekts, des Subjekts der Wissenschaft in unseren Ländern, repräsentiert: Hannibal Lecter. Obwohl er eine ziemlich beängstigende Figur ist, ein Psychopath, ein Mörder, jemand Grausames, gefällt er mir sehr, denn er ist gleichzeitig sehr sympathisch. Die Sympathie ist eine interessante Eigenschaft. Sie hängt mit der Fähigkeit zusammen, über alles lachen zu können. Aber er gefällt mir vor allem, weil er in verschiedenen Käfigen eingesperrt ist, gehütet wie ein Schatz, völlig isoliert, und es ihm von dort aus trotzdem gelingt, detektivische Probleme zu lösen, indem er allein seine intellektuelle Vorstellungskraft benutzt. Es gibt nichts, was die intellektuelle Vorstellungskraft bei der Aufgabe des Denkens, bei der Ausmalung eventueller Lösungen und im Bemühen, die Welt zu verstehen, ersetzen könnte. Aber es kann unter keinen Umständen ein Denken wie jenes sein, das wir heute an unseren Universitäten vorfinden: ein Denken als Dienstverfahren, als Formalität, ein Denken der Subsistenz, um zu überleben, die Tätigkeit eben, die das Gehalt des öffentlichen Angestellten rechtfertigt.

Das Thema der intellektuellen Vorstellungskraft lässt mich an die sechziger und siebziger Jahre zurückdenken, als die Universität ein Ort der Vorstellungskraft und der Phantasie war – die demokratische Insel. Dieser Ort ist sie längst nicht mehr. Ich bin davon überzeugt, dass wir dafür kämpfen müssen, dieses Modell wiederherzustellen, denn es war in jenen Momenten, in denen wir ein weltweit ausgezeichnetes Denken hervorgebracht haben, mit bemerkenswerten Persönlichkeiten. Auch hier in Argentinien. Danach haben die Diktaturen all das zerstört. Die erste Phase der Zerstörung war die Diktatur Onganías, im Jahr 1966, ein Schlüsselmoment des Verlustes. Der endgültige Schlag kam mit der nächsten Diktatur.* Man hat nicht nur Menschen verloren, man hat auch einen Weg verloren, der in der Universität als Ort der Vorstellungskraft bestanden hatte. Mit der Zeit, und das sehen wir jetzt sehr deutlich, ist die Universität der Ort geworden, an dem es ausschließlich um die Reproduktion von Eliten geht. Niemand fühlt sich unwohl, weil er an einem Ort arbeitet, an dem das geschieht, niemand beschwert sich. Und was ist eine ›Elite‹? Es ist jene Gruppe von Menschen, welche die Entscheidung über das Schicksal der Ressourcen einer Nation in ihren Händen hält. In manchen Ländern sind es Gruppen, die stärker miteinander verbunden sind als in anderen. Argentinien ist ein Land mit mehreren Eliten, wohingegen Brasilien eher ein Land mit nur einer Elite ist. Die Universität ist der Ort, wo man gewesen sein muss, um in den Besitz der Schlüssel zu den Büros und den Schubladen zu kommen, in denen die erforderlichen Stempel liegen, um die Ressourcen der Nation zu verteilen. Das ist die ›Elite‹. Wir sehen, dass die Universität für dieses System der Kontrolle von öffentlichen Mitteln funktional ist, sie hat keinerlei Problem damit, es zu sein. Sie hat aufgehört, der Ort des Denkens zu sein, um zu dem Ort der Reproduktion der kolonialen Treuhänder zu werden, die den Staat kontrollieren und seine Geschicke in der Hand haben. Das hat nichts mehr mit jener Universität zu

* General Juan Carlos Onganía putschte sich 1966 an die Macht und regierte die sogenannte *Diktatur der Argentinischen Revolution* als de facto Präsident bis 1970. 1976 putschte das Militär erneut und herrschte bis 1983.

tun, die, obschon sie sich in einem kolonialen, einem kolonisierten, einem – wie man damals sagte – abhängigen Land befand, große Geister und ein großes Denken hervorgebracht hat. Wir müssen das Modell der Vorstellungskraft wieder erlangen, denn ich glaube, dass es möglich ist, von hier aus zu denken, und sehr gut sogar, wie Hannibal Lecter, der aus seinen Käfigen heraus detektivische Probleme löst. Das Bild des denkenden Detektivs hat etliche Gemeinsamkeiten mit dem Modell des Wissenschaftlers, in allen Fächern, nicht nur in der Hermeneutik, im Verstehen. Klar, auch ein Detektiv muss Vorstellungskraft haben.

Rita assoziiert das Denken mit dem Weg des Autors und mit der Vorstellungskraft. Ihre Kritik am Formalismus der akademischen Evaluation enthält ein politisches Projekt, das grundlegend anders ist als das, was das herrschende System der universitären Akkreditierungen in der Praxis hervorbringt, das völlig sinnentleert ist, in dem der Inhalt immer hierarchisch der Quantität untergeordnet ist: Anzahl der Papers, Anzahl der unterrichteten Stunden, Anzahl der Studenten, mittlere Studienzeit bis zum akademischen Abschluss, Anzahl der Stunden der Fortbildung, Mittelwerte und Quoten. Dieses System der Evaluation kolonisiert, zumindest in seinen strukturierenden Prinzipien, langsam auch die Räume der nichtuniversitären Bildung, darunter die Institute der Lehrerausbildung, meinen Arbeitsbereich. Das geschieht auf unterschiedliche Weise. Zum Beispiel durch die zeitgleiche Implementierung von standardisierten Beurteilungsmustern bei den Auswahlverfahren zur Abdeckung von Lehrstunden und die Ausschreibung von gemeinsamen Forschungsprojekten mit universitären Teams, die nach den gleichen formalistischen Parametern der universitären Programme evaluiert werden.

Langsam machen wir uns mehr und mehr Gedanken über die Teilnahme an solchen Initiativen, die uns zwar bessere Bedingungen verschaffen, wenn es darum geht, mehr Stunden zu bekommen, aber eben um den Preis, unsere Arbeit als Dozenten zu vernachlässigen. Paradoxerweise geschieht dies auf der Grundlage von Gesetzen zur Wiederherstellung von Rechten und bildungspolitischen Maßnahmen zur Aufwertung der Rolle des nichtuniversitären Dozenten. Noch mehr Fallstricke des Staates also.

Universitäre Lehre: Meritokratie oder Güte

In verschiedenen Momenten des Vortrags hatte Rita auf die Bedeutung der Lehre bei der Konstruktion einer anderen Universität, einer anderen Art des Denkens hingewiesen. Ich verstehe, dass es nicht nur um eine Revision unserer Art und Weise des Forschens, des Wissenschafttreibens oder des Schreibens geht. Wir müssen uns außerdem als Dozenten neu erfinden, als Lehrer. Es war bemerkenswert, dass dies das einzige Thema blieb, das niemand in der Runde der Fragen und Interventionen aufgenommen hat, obwohl es sich doch um einen Vortrag handelt, der von einem Gremium der Universitätsdozenten organisiert worden war. Dieses Schweigen – eine Verdrängung, eine Verwerfung? – ruft in mir einige Fragen hervor: Welchen Stellenwert weisen die Universitätsdozenten der Lehre zu? Warum ist die Beunruhigung bezüglich der Pro-*

* Im Orig.: frz. *forclusión*, Ausschluss, jurist. Rechtsausschluss, Präklusion. Jacques Lacan übersetzte damit den freudschen Ausdruck der *Verwerfung*, eine Form der Realitätsverleugnung bzw. des Realitätsverlustes. Da es sich hier nicht primär um eine psychoanalytische Argumentation handelt, variiert im Folgenden die Übertragung ins Deutsche.

duktion von Wissen größer als jene hinsichtlich der Formen, in denen man zu denken lehrt? Wie viel hat die formalistische Evaluation mit dieser Unterordnung der Lehrtätigkeit des Dozenten unter seine Forschung zu tun?

Jener Satz, der mir seit dem Quotenprojekt wieder und wieder in den Sinn kommt – »Hier an der Universität gibt es keine Karitas, das ist nicht der Ort für Wohltätigkeit« –, hat mit der Frage der Meritokratie zu tun. Per Definition kann derjenige, der die Meriten zu beurteilen hat, nicht wohlwollend sein, er darf kein Mitgefühl haben. Deshalb kann die Universität nicht

gütig sein, das würde ihren eigenen Maximen zuwiderlaufen, die männlich, streng, erbarmungslos, bestrafend, ausgrenzend, selektiv und hierarchisch sind. Was für ein unglücklicher Ort die Universität doch ist! (*Das Lachen wird wieder nervös, vielleicht ein wenig bitter.*) Und ich sage das hier sowohl als logische Konsequenz aus dem, was ich gerade dargelegt habe, als auch aus meiner eigenen Erfahrung. Ich bin seit der Jugend ein Mensch der Universität, denn schon meine weiterführende Schule war ein universitäres Kolleg. Während meiner gesamten Zeit des schulischen Lernens bedeutete Mitgefühl zu haben, auf einer schlechten Schule zu sein. Heute glaube ich das nicht mehr, ich habe es revidiert, ich bin ständig dabei, es zu revidieren. Es ist eine Idee, der ich absolut und aus ganzem Herzen widerspreche. Ich glaube sogar, dass wir es deshalb nicht schaffen zu denken, weil wir diese Vorstellung haben, denn ohne Wohlwollen, ohne Toleranz, ohne dem anderen im Zweifel recht zu geben, gibt es keine Befugnis, das Denken auszuüben. Allem voran deshalb, weil das Denken notwendigerweise eine ludische Dimension hat.

Es gibt eine Filmszene, die für mich die perfekte Verkörperung des ludischen Charakters des Denkens darstellt. In einem bestimmten Moment war sie sogar etwas, das mir dabei geholfen hat, die Entscheidung zu treffen, weiterhin in der Wissenschaft zu bleiben, mich ihr zu widmen. Der Film heißt *Rampenlicht*, im Original *Limelights*. Darin schlendert die Figur des Charlie Chaplin, ein armer und hungriger Mann, immerzu durch die Stadt, begleitet von seinem kleinen Kind. In einem Moment sagt der kleine Junge zu ihm: »Ich will ein Spielzeug, ich will ein Spielzeug, ich will ein Spielzeug!« Und Chaplin schaut ihn an, berührt seinen Kopf und sagt: »Das ist das Spielzeug, das ist das Spielzeug!« Dieser Satz ist ein sehr klares Beispiel für das Vergnügen, für die Freiheit, für die Zügellosigkeit, für die Toleranz, um die wir bitten, wenn wir denken wollen. Während meines gesamten akademischen Lebens hatte ich Professoren, die zugelassen haben, dass ich nicht das tat, was ich hätte tun sollen, dass ich nicht das las, was ich hätte lesen sollen. Professoren, die verstanden, dass ich meinen eigenen Weg haben würde und dass sie ganz entspannt sein konnten, indem sie mich diesen Weg gehen ließen. Ich bin ein Mensch, der sich dem Denken verschrieben hat, weil ich das Los gezogen habe, fast wie in einem Glücksspiel, also letztlich das Glück hatte, mich mit diesen Professoren konfrontiert zu sehen, die mir immer wieder verziehen haben. Und so wie mir verziehen wurde, so wie mir zugestanden wurde, ungehorsam zu sein, bin ich zu jemandem geworden, der denkt, der schreibt und den andere Menschen lesen. Es ist kurios.

Die Professoren haben also ihre Hand im Spiel. An der Universität, an der ich arbeite und während der Jahre, in denen ich unterrichtet habe, habe ich zwei Typen von Lehrenden getroffen. Die einen sind diejenigen, die sich jeden Tag wieder an die Zeit erinnern, als sie selber Studenten waren. Und die anderen sind diejenigen, die scheinbar nie welche gewesen sind, denen man nie etwas hatte verzeihen müssen, die nie Freiheiten gebraucht hatten und die sich hinter der Maske des Professors verstecken, um bloß nicht die Güte walten zu lassen, die sie ganz sicher selbst erlebt haben, als sie jung waren. Ich glaube, dass ein Lehrender sich an all die Momente der Verzeihung erinnern sollte, die ihm im Laufe seines Lebens gewährt wurden, um auf gleiche Art und Weise zu verzeihen und den Interessen und den Geschwindigkeiten seiner Schüler einen Weg freizumachen. Wie könnte das Umfeld, an dem man denken soll, nicht wohlwollend sein? Es muss gütig sein, hier muss es Zeit geben, hier muss es Muße geben. Es darf kein produktivistischer Ort sein, weil das Denken keinen produktivistischen Zweck hat. Ich empfinde Mitgefühl für die neuen Generationen, für die jungen Leute, die heute an der Universität anfangen, denn wir befinden uns auf einem schrecklichen Weg, der uns aufgezwungen wurde, dem der Evaluationen – eine dumme globale produktivistische Agenda, die das Denken tötet. Hätte ich heutzutage mit dem Studium angefangen, ich hätte in einer Bankfiliale zu arbeiten begonnen, ich hätte das nicht ausgehalten.

Wir müssen die Art und Weise hinterfragen, mit der wir heute unsere Studenten an der Universität ausbilden, wo wir sie de-autorisieren und dafür sorgen, dass sie dem Traum, Autoren zu sein, Denker zu sein, abschwören. Wir machen sie glauben, dass einige von ihnen, wenn überhaupt, vielleicht mal eine Erzählung, etwas Belletristisches schreiben werden, aber auf keinen Fall werden sie große Kategorien in Worte fassen, die den Blick der Welt neu formatieren. Warum? Was sind theoretische Kategorien? Es sind Kategorien, denen es gelingt, bisher noch nicht gedachte Aspekte der Welt sichtbar zu machen, die uns dazu bringen, uns neu zu ordnen, unser Paradigma zu verändern.

Und der Paradigmenwechsel ist entscheidend für eine Neuorientierung der Geschichte. Diese Macht, die Lesart der Welt neu zu formatieren, die haben wir nicht. Es ist die größte Macht, nämlich die, der Geschichte durch die Formulierung von Kategorien, die uns die Struktur und die Beziehung zwischen den Objekten der Welt auf andere Art und Weise betrachten lassen, eine neue Richtung zu geben. Wie schon gesagt, jetzt, wo die Informationen weithin zugänglich sind, sollten die Geisteswissenschaften imstande sein, theoretische Kategorien zu entwerfen. Aber trotzdem kommen unsere Professoren nicht voran, sie sind »copycats«, Karteikartenschreiber von Texten, Archive des Wissens. Es gibt in unseren Ländern keinen Weg zur Autorschaft für das Denken auf dem Gebiet der Geisteswissenschaften. Das ist der Kampf. Wenn wir eine Art und Weise zu lehren finden würden, die die intellektuelle Vorstellungskraft freilegt, dann hätten wir einen wichtigen Teil des Weges hinter uns gebracht. Und wie lehrt man Vorstellungskraft? Man lehrt sie mit Verwurzelung und Freiheit, indem man die Freiheit unter allen Umständen geltend macht und indem man darum weiß, wer man ist, woher man kommt, selbst dann, wenn die Umstände das Gefängnis und die absolute Mittellosigkeit sind. Das gilt für die Natur- und für die Geisteswissenschaften gleichermaßen. Vorstellungskraft an den Tag zu legen, hängt also von Zeit ab, von Muße, von Ermächtigung und von Verwurzelung, dem Bewusstsein um den eigenen Ort in der Welt. Aber es stellt sich heraus, dass wir ein System haben, dessen grundlegende Pädagogik die Pädagogik der De-Autorisierung, der Entmündigung und der Enge ist. Wie oft bekommt ein Student von einem Professor zu hören, dass er nicht denken kann? Wir sagen es oft. Ich kenne Geschichten von Studenten, die mir berichten, dass der Professor ihnen sagt: »Nein, nein, wagen Sie das nicht!« Das darf man einem Studenten niemals sagen. »Wagen Sie es! Trauen Sie sich!« Das ist es, was wir ihm sagen müssten. Die Geschichte ist unvorhersehbar. Menschen stehen in der Geschichte und deshalb sind auch wir völlig unberechenbar. Wir müssen neue Wege eröffnen, wohlwollend sein, und dann werden wir die Ergebnisse sehen. Wir dürfen nicht zu lernen lehren, sondern zu denken. Lernen ist subsidiär, ein Hilfsmittel des Denkens und kein Selbstzweck. Lehren bedeutet ermächtigen, und auf gar keinen Fall das Gegenteil.

Rita stellt die Epistemologien, die politischen Bedeutungen und die Lehrpraktiken als Aspekte dar, die nicht von der Reflexion und den die Universität transformierenden Aktionen zu trennen sind. Es ist eine Sichtweise, die im Gegensatz zu dem steht, was für gewöhnlich in den Lehrerversammlungen geschieht, in denen sich das Problem meist auf gut informierte Diskussionen reduziert, inklusive einem Übermaß an Zitaten bekannter Autoren. Wir wagen es kaum, Fragen nach der politischen Bedeutung der universitären Ausbildung aufzuwerfen. Und unsere Unterrichtspraktiken in den Hörsälen sind ein ganz und gar individuelles Problem, sie lassen keine Einmischung zu und auch keinen Blick von außen. Wir unterwerfen uns in regelmäßigen Abständen anstrengenden, manchmal auch demütigenden akademischen Akkreditierungsverfahren, laden stundenlang Unterlagen auf Computersysteme hoch und ertragen alle möglichen bürokratischen Disziplinierungen. Aber wir sind nicht daran interessiert, unsere Leistung als Dozenten auf den Prüfstand zu stellen, wir hören nicht darauf, was die Studenten dazu zu sagen haben. Und selbst wenn es uns interessiert und wir zuhören, dann wissen wir nicht recht, was wir tun sollen, um unsere Praktiken zu verändern. Die Ungewissheit angesichts eines nicht vorgegebenen

Weges erschreckt uns, wir haben Angst, gütig zu sein und wir haben Angst davor, dass unsere Kollegen uns schonungslos in einem der am häufigsten wiederkehrenden Rituale universitärer Sozialkontrolle beurteilen: dem Prüfungsausschuss. Welcher Dozent wagt es, wohlwollend zu sein, wenn er im Moment der Befragung und Beurteilung seiner Studenten von streng dreinblickenden Kollegen beobachtet wird, die ihrerseits seine Stellung als Professor begutachten?

Der brasilianische Ödipus in Paris

Folgende Geschichte ist noch ein Prolog, eine weitere anschauliche Vignette meiner Darlegung, denn sie sagt etwas über die Universität aus, über das akademische Denken, über das institutionalisierte Wissen und über das Schweigen. Ende 2013 bekam ich eine Nachricht von einem sehr bedeutenden französischen Verlag, ›Payot & Rivages‹, in der ich um einen Text für die Reihe ›Petite Bibliothèque Payot‹ gebeten wurde. Sie schrieben, dass sie sich um die Übersetzung kümmern und mir Urheberrechte vergüten würden. In der ›Petite Bibliothèque Payot‹ sind einige Essays von großen Autoren erschienen, die ich immer bewundert habe, darunter Hannah Arendt, Walter Benjamin, Freud. So etwas hätte ich mir niemals träumen lassen. Das kam völlig überraschend, denn ich hatte nie an eine Türe geklopft, ich habe nie darum gebeten, dort verlegt zu werden. Ich habe nie jene Gesten gemacht, die an dieser Universität, die für ihren Produktivismus evaluiert wird, erwartet werden. Der Text, um den ich gebeten wurde, war ein ganz bestimmter Essay, das Ergebnis einer authentischen Frage, die von einer genuinen Neugierde ausgegangen war. Es ist ein Essay, in dem ich versucht habe, eine grundlegende Antwort auf eine Frage zu finden, die ich mir als Frau gestellt habe, die gleichzeitig kocht und denkt. Es sind 18 Jahre vergangen, bis ich ihn geschrieben habe.

Brasilien kennt, anders als der Rest von Lateinamerika, eine Königswürde. Während der napoleonischen Invasionen zogen die Könige von Portugal in die Neue Welt und herrschten von hier aus. Kurz nach dem Ende der napoleonischen Invasion ging Pedro I. zurück nach Portugal und ließ seinen kleinen Sohn, Don Pedro II., zurück. Der Ort, an dem sie lebten, war der Palast von Petrópolis im Bundesstaat Rio de Janeiro, der mittlerweile in ein Museum umgewandelt worden ist. Eines Tages im Jahr 1990 spazierte ich durch die Ausstellung dieses Palastes und sah ein kleines Gemälde (*Rita zeigt es, es ist das Titelbild des Buches* L'œdipe noir. Des nourrices et des mères, *das der französische Verlag publiziert hat.*) Es gab keinerlei Bildunterschrift, außer dem Namen des Malers: Debret, Maler des brasilianischen Hofes sowie von kolonialen Szenen und der Sklaverei in Brasilien. Das war alles, nichts weiter. Ich betrachtete das Bild aufmerksam. Ich dachte, und zwar aus verschiedenen Gründen, dass es sich um eine Darstellung von Pedro II. handelte. Der Wichtigste war der Kopf, die Form der Stirn. Auf allen Abbildungen des erwachsenen Kaisers fällt in seinem Gesicht die große gewölbte Stirn auf. Und das Kind auf dem kleinen Gemälde hatte eine solche. Aber das Bemerkenswerteste war, dass sich das Baby in den Armen einer *schwarzen*, sehr jungen Frau befand, sein kleines Händchen lag auf einer ihrer Brüste. Diese Geste zeigt offensichtlich, dass sie seine Mutter war, die Person, die ihn umarmte, nach der er roch, durch deren Augen er lernte, die Welt zu sehen, die ihn berührte, ihm die Windeln wechselte, ihm den Hintern abputzte usw. Diese Figur: Afrika. Ich blieb vor dem Bild stehen und dachte: »Wie außergewöhnlich!«

Einer meiner ersten Gedanken war die Frage nach dem Mutterland. Was ist das Mutterland von Brasilien? Dem Bild nach zu urteilen, ist es nicht Portugal – wie viele brasilianische Akademiker behaupten –, es ist nicht die lusitanische Zivilisation, denn wenn die Figur einer Majestät abgebildet wird, wenn die Figur eines Königs, eines Herrschers abgebildet wird, dann ist das, was man zeigt, nicht nur sein Körper, sondern es ist auch der Körper der Nation. Die Figur, die Darstellung des Körpers eines Monarchen, ist sein konkreter Körper und ist zugleich, allegorisch – und auch für die Öffentlichkeit –, der Körper der Nation. Und was ist nach dem feinen Sinn des berühmten Malers in dieser Darstellung das Mutterland, die Mutter dieser Körper-Nation? Es ist unzweifelhaft Afrika, wie die Amme, auf deren Brust der Baby-Nation-Kaiser sein Händchen legt. Mich hat diese die Figur auch deshalb fasziniert, weil sie von so beeindruckender Aktualität ist. Für jemanden, der in Brasilien gelebt und dort Kinder großgezogen hat, ist es eine Szene, die sich unzählige Male wiederholt. In meinem Fall erlebte ich sie im Wartezimmer, und zwar jedes Mal, wenn ich meine Kinder in eine angesehene Kinderarztpraxis in der Stadt brachte. Zuerst kam eine Dame herein, die dann am Handy telefonierte, in ihren Kalender schaute oder die Tageszeitung las. Hinter ihr erschien dieses Gefüge, diese Einheit aus einer Person, die dunkler war als die erste, mit einem Baby auf dem Arm, um das sie sich kümmerte. Ich habe die Sprechstundenhilfe des Arztes mal gefragt, ob es üblich sei, derartige Dreieckskonstellationen in der Praxis zu sehen. Sie bejahte und fügte hinzu, dass diejenige, die alles weiß – ob das Baby Fieber hatte, ob es erbrochen hat, ob es etwas zu essen bekommen hat, ob es das auch gegessen hat usw. –, die dunkle Mama ist. Wir könnten das übertragen und genauso gut sagen: die indigene Mama. In manchen Ländern und Regionen ist die mütterliche Position jene der Frau mit dem Merkmal der Afro-Deszendenz und in anderen ist es die Frau mit dem originären rassialen Merkmal. Die Welt der *Weißen* und der *Weißgemachten* in Lateinamerika ist eine Welt, in der sich die Mutterschaft verdoppelt … Die Welten der Eliten, sie sind unter zwei Müttern aufgeteilt. Das passiert auch in den modernsten Städten mit Angestellten und Hausmädchen paraguayischer oder bolivianischer Herkunft. Und warum kam es zur Übersetzung ins Französische und der Veröffentlichung dieses Buches, das von unserer Realität auf diesem Kontinent hier erzählt, in Frankreich? Weil dort heute etwas ganz Ähnliches passiert. Es sind die Bediensteten aus den Kolonien, die aktuell diese Position einnehmen. Und es muss anerkannt werden, dass es sich um eine Position handelt, die das Baby mit der Substanz einer realen, materiellen Mutterschaft prägt. Im ödipalen Prozess ist die reale Mutter physisch, sie ist körperlich, deshalb heißt das Buch in seiner brasilianischen Version: ›Der brasilianische Ödipus, die doppelte Verleugnung von Geschlecht und *Raza*‹. Der Ausgang des ödipalen Konflikts wird also eine Verleugnung, eine Negation sein, eine virulente Aufhebung sowohl des *Schwarzen* als auch der Frau, in einer einzigen Geste, eine Verleugnung, die gleichzeitig frauenverachtend und rassistisch ist, zu dem Zeitpunkt, an dem das Subjekt sich von diesem Teil seiner selbst, von diesem Fleisch seines Fleisches, einem Fragment seiner eigenen Materialität, lösen muss, bis zu dem Moment, in der es seine eigene ›Imago‹ abgrenzt. Hier kommt es zu einer Überlagerung eines Prozesses, der gleichzeitig psycho-physisch ist, mit einem Prozess, der sozio-rassial und patriarchal ist.

Was hat das, was ich hier erzähle, mit der Universität zu tun? Obwohl ich mich auf die Anthropologie beziehe, mein

Fach also, das ich am besten kenne, gilt das, was ich illustrieren möchte, für alle Geisteswissenschaften. Wir Anthropologen verbringen eine Menge Zeit damit, unsere Studenten Bronislaw Malinowski lesen zu lassen, einen polnischen Autor, der in der ersten Hälfte des 20. Jahrhunderts in England gelebt und geschrieben hat. In einigen seiner Texte analysiert er das Verwandtschaftssystem der Gemeinschaften der Trobriand-Inseln, wo er seine Feldstudien durchgeführt hat, Inseln Melanesiens im nordwestlichen Pazifik. In diesem System, das Avunkulat genannt wird, haben die Kinder zwei Väter: den Ehemann der Mutter und den Onkel mütterlicherseits. Dies hat eine lange und reichhaltige Debatte zwischen Malinowski und anderen Autoren aus dem Feld der Psychoanalyse, wie Ernest Jones, und jenem der Anthropologie, wie zum Beispiel Melford Spiro, zur Folge gehabt. Existiert der Ödipuskomplex im Avunkulat der trobriandischen Gemeinschaften, dort also, wo die Kinder einen Vater und einen Onkel haben und beide väterliche Funktionen ausüben? Jahre der Lehre, Jahre der Lektüre und der anthropologischen Diskussion über etwas, das in der Ferne geschieht, am anderen Ende der Welt. Aber nicht ein Wort über die doppelte Mutterschaft hier und heute, bei uns nebenan. Nichts. Es scheint ein bisschen wie die Erzählung *Der entwendete Brief* von Edgar Allan Poe, die Lacan aufgegriffen hat. Die beste Art und Weise, Dinge zu verstecken, sie nicht zu sehen, ist es, sie vor der eigenen Nase zu haben. Diese gewöhnliche Szene, alltäglich im Leben eines Menschen, aber die Universität, das gelehrte Feld Lateinamerikas, verbalisiert sie nicht, registriert sie nicht. Überraschend. Und es tut uns nicht mal weh, wir merken es gar nicht. Diese Abwesenheit, dieses Schweigen, ist schmerzfrei und farblos. Deshalb spreche ich in meinem kleinen Essay von Verwerfung und behaupte, dass es das Machtmuster der Kolonialität ist, das zu Verwerfung führt.

Das Thema der Lehre taucht wieder auf, das Hinterfragen des Sinns der Lehrtätigkeit, die Ansammlung von Karteikarten als Hindernis auf dem Weg zur Autorschaft. Wie oft zwingen wir die Studenten dazu, Klassiker zu lesen, nur weil wir sie vorher selbst hatten lesen müssen? Welche schweigende Macht zwingt uns, Zeile für Zeile das professorale Drehbuch zu wiederholen? Fragen wir uns, welche Aspekte aus unserer näheren Umwelt auf neuartige Art und Weise betrachtet werden könnten, wenn wir nur versuchten, Alternativen auszuprobieren, die auf der Vorstellungskraft und dem Spiel mit verschiedenen Theoriemodellen basieren? Wie schlagen wir diese Übung den Studenten vor?

Nochmal zurück zur Geschichte dieses Essays: Als ich vor circa zwei Jahrzehnten versucht habe herauszufinden, was das Gemälde von Debret aus dem 19. Jahrhundert abbildet, war es unglaublich schwierig, an Informationen zu kommen. Ich fand einen Hinweis in einer Bibliothek in den USA, in einem alten Buch eines klassischen Historikers aus Brasilien, Pedro Calmon. Es ist ein Buch mit etlichen Illustrationen und auch einer Reproduktion des Gemäldes, das ich suchte. Darunter las ich: »Gemälde von Debret, den Kaiser Don Pedro II. darstellend, als Baby, in den Armen seiner ›babá‹«, also seines Kindermädchens. ›Ha, gut!‹, dachte ich, das war genau meine Intuition gewesen, Pedro Calmon stimmt mit mir überein. Über die 18 Jahre, die es insgesamt dauern sollte, bis ich diesen Text fertig hatte, habe ich mich immer wieder damit beschäftigt. So tauchten später weitere Bezugnahmen auf, von jüngeren Historikern. Zum Beispiel hat Lilia Moritz Schwarcz, Anthropologin und Historikerin an der Universität von São Paulo, eine

Biographie des Kaisers Don Pedro II. beim Verlag ›Companhia das Letras‹ veröffentlicht. Sie enthält eine Reproduktion desselben Gemäldes, aber in der Legende weist die Autorin – kurioserweise – darauf hin, dass das Baby auf dem Porträt zwar für den Kaiser gehalten worden war, in Wahrheit aber ein anderes Kind sei. Also suchte ich weiter. Zuletzt tauchte schließlich im Katalog des Museums von Petrópolis ein Eintrag über das kleine Gemälde auf, der folgendermaßen informiert: »Es handelt sich um das Portrait von Luís Pereira de Carvalho, Nhozinho, in den Armen seiner Haushälterin Catarina«. In meinem Essay wehre ich mich entschieden gegen das, was ich als eine museologische und historiographische Geste interpretiere, die versucht, die Afrikanität, die den Kaiser von Brasilien als Baby umgibt, zu verbergen und zu leugnen; jene Afrikanität, die ohne jeden Zweifel in das Subjekt-Nation-Kaiser von Brasilien eingeflossen ist und die der Künstler mit seiner Sensibilität in diesem Porträt eingefangen hat. Meine Intuition ist das Gegenteil. Erstens, weil die Stirn des Kindes genau jene identische Struktur aufweist, nämlich die des Kaisers. Das ist meine Lesart, die von der ›Petite Bibliothèque Payot‹ abgesegnet wurde: Frankreich hat gesagt, dass es so ist, also … muss es wohl so sein, oder? Ich verteidige mich, indem ich die schlechten Angewohnheiten des Systems nutze! Zweitens, weil ich im Katalog nachgeschaut habe, um herauszufinden, welche Kunstwerke sich in den Sälen des Museums von Petrópolis befinden: Und es gibt nicht ein einziges, das nicht entweder eine Darstellung des Kaisers selbst und seiner engsten Familienmitglieder wäre – aber vor allem von ihm selbst – oder religiöse Heiligenbilder. Warum sollte da also ein Porträt von Baby Nhozinho hängen? Warum ein Porträt eines Nachbarn? Hier haben wir es nicht mehr mit einer einfachen Verdrängung zu tun, sondern mit dem gezielten Verschweigen einer Wahrheit. Letztendlich beschloss ich, ein Werk zu konsultieren, das *Die Geschichte der Frauen in Brasilien* heißt, eine große Enzyklopädie, die eine Sammlung aller möglichen Typen von Frauen ist, im Stile der französischen Geschichtsschreibung von Philippe Ariès. (Vermutlich gibt es auch eine *Geschichte der argentinischen Frauen.*) In dieser Sammlung gibt es die Hausherrin der aristokratischen Villa der kolonialen Epoche, es gibt die Bäuerin, es gibt die Arbeiterin, es gibt die Klavierlehrerin, es gibt die Grundschullehrerin, es gibt die Gewerkschafterin – alle weiblichen Figuren und Berufe sind abgebildet. Alle, außer der Figur der ›babá‹, des Kindermädchens, der Kinderfrau, der Hausangestellten, des ›Mädchens‹. Diese Figur gibt es nicht, sie ist der entwendete Brief. Die weibliche Arbeit schlechthin, diejenige, die uns jeden Tag in unseren Häusern über den Weg läuft, ist in der *Geschichte der Frauen von Brasilien* nicht vertreten. Es ist beeindruckend, wie sich die gleiche Struktur in allen Feldern fortwährend wiederholt, und insbesondere im Feld, das uns interessiert, nämlich dem akademischen, dem Feld der Produktion von Wissen über die Gesellschaft. Was für eine Produktion von Wissen ist das? Sicherlich ist es keine Wissensproduktion über unsere Gesellschaft, über unsere Welt, über unsere Realität. In diesem Versagen, in dieser Verdrängung des Kindermädchens, der Babysitterin, drückt sich das ganze Versagen, drücken sich alle Verdrängungen aus, die aus unserer Universität einen Ort machen, an dem uns nicht gelehrt wird zu denken, an dem uns nicht gelehrt wird, die Füße da zu haben, wo wir tatsächlich stehen, um uns dann umzublicken.

Was ich erzählt habe, betrifft Brasilien, aber, wie Clifford Geertz gesagt hat, wir Anthropologen untersuchen nicht Dörfer, wir untersuchen ›in‹ Dörfern. Brasilien ist ein Labor, ein

Feld, auf dem man dieses Phänomen beobachten kann, das für uns alle gilt und für alle akademischen Wissenskonfigurationen auf unserem Kontinent. Dieses Phänomen, das ich als ›Verdrängung‹ bezeichne, das sich ›aufgrund einer Störung bei Subjektivitäten einstellt, die durch das Machtmuster der Kolonialität geprägt sind‹, bedeutet, dass wir uns von dem entfernen, was wir wirklich sind, von einer der Abstammungslinien und von der Landschaft, die uns konstituiert, die eine Landschaft des Genozids ist, eine *nichtweiße* Landschaft. Denn obschon wir *weiß* sind, sind wir doch durchzogen, imprägniert durch das *Nichtweiß-Sein* der Mutter-Landschaft, genauso wie dieses Baby.

Frantz Fanon vor dem Spiegel der bösen Königin

In der Fragerunde am Ende von Ritas Vortrag bittet jemand um Erläuterungen zur Idee der trügerischen Reziprozität. Rita holt weit aus. Wir tauchen vollständig ein in ihre Gedankenwelt über den Eurozentrismus, die Kolonialität des Wissens und die Universität. Es ist nicht das erste Mal, dass ich sie über dieses Thema sprechen höre, aber dieses Mal fangen mich die Bilder, die sie vorschlägt, mehr denn je. Ich war zum Beispiel nie auf einige der Relationen gekommen, die sie skizziert, wie jene, in der sie die akademische Evaluation und das, was sie »Fiktion der Reziprozität« nennt, mit der fundamentalen Asymmetrie zwischen Äußerungen von universellem Wert und den Besonderheiten zwischen Norden und Süden, zwischen Hauptstadt und Provinz, zwischen Mann und Frau verknüpft.

Ich habe eben ein zentrales Element meiner Argumentation, die auf die Frage nach der trügerischen Reziprozität antwortet, vergessen zu benennen. Was das System der Evaluationen nämlich auch auslöst, ist, dass es uns glauben lässt, dass wir, weil wir einen Autor aus dem Norden zitieren, mit ihm in einem Dialog stünden. Diese Illusion, dass ich, wenn ich mit einer Gabe vorangehe, auch eine Gegengabe erhalten werde, verbunden mit dem Bestreben, uns anzupassen, um in Zeitschriften zu veröffentlichen, die ganz weit oben in den Rankings stehen, schadet uns sehr. Der Schaden besteht nicht nur darin, in einem falschen Traum von Erwartungen, die nicht erwidert werden, gefangen zu sein. Das Problem ist das Gleiche, das Fanon in seinen schmerzhaften Zeilen über seine Ankunft in Paris schildert, mit seiner Phantasie, ein Franzose zu sein: jemand, der sich

nie im Spiegel betrachtet hat. Denn, auch wenn wir uns dessen nicht bewusst sind, wir sind alle »Fanons«, unser Dilemma ist das gleiche Dilemma wie das von Fanon. Denn das, was das Machtmuster der Kolonialität macht, ist, uns den Spiegel wegzunehmen. Es hindert uns daran, ein unverstelltes Bild von uns selber zu haben, von der Erscheinung unseres eigenen Angesichts, um eine Figur zu zitieren, die Levinas lieb ist. Denn wir sehen, in unserem arg verwickelten Fall, unser eigenes Angesicht wie das Angesicht eines Anderen, wir erkennen uns selbst nicht. Deshalb glaube ich, dass der Spiegel der bösen Königin ein nützliches Werkzeug sein könnte, um einen dekolonialen Weg einzuschlagen. Wir müssen ihn wiederfinden, diesen Spiegel, und ihn befragen: »Spieglein, Spieglein an der Wand: Bin ich etwa *schwarz*?« Und: »Spieglein, Spieglein an der Wand: Habe ich mich etwa selbst belogen?« (*Das Lachen wird sehr viel nervöser als in anderen Momenten, es vermittelt ein weitaus größeres Unbehagen.*) Die Kolonialität hat diesen unverzichtbaren Spiegel, der uns offenbart, wer wir wirklich sind, mit einem Tuch verhängt und hat damit unser Verhältnis zu ihm als einen unverzichtbaren Weg zu uns selbst blockiert. Wir können nicht sehen, dass wir Ausgeburt einer Landschaft sind, dass die Rassialität nicht allein die Substanz der Körper ist, sondern der Landschaften, die uns konstituieren. Die Landschaft ist eine geopolitische Position in der Welt und sie hat eine Farbe, sie ist rassial und relational. Die Position unserer Landschaft, die wir nicht nur bewohnen, sondern die auch in uns wohnt, ist die des widerrechtlich Angeeigneten, des Geplünderten, des Enteigneten, die Landschaft desjenigen, dessen Reichtümer bis heute in eine Richtung fließen, die nicht die unsere ist. Und wir sind diese Landschaft, aber wir haben keinen Spiegel, der uns das sagen würde. Es ist dieselbe Struktur, die das Kindermädchen ausradiert, ein weiteres Mal die Verdrängung, der Ausschluss als zentrale Taktik der Reproduktion des kolonialen Musters von Leben und von Subjektivitäten. Und genau wie Fanon begreifen wir erst, wenn wir im Norden ankommen, dass wir *Nichtweiße* sind. Vor diese Erkenntnis gestellt, haben wir zwei Alternativen. Fanons Alternative war jene der Gesundheit: Unter Schmerzen schaute er in den Spiegel, der ihm das Gallische absprach, der ihm das Französisch-Sein und das Pariser-Sein absprach, und akzeptierte dessen Wahrheit. Und dann gibt es die vielen von uns, die unglücklicherweise die andere Alternative wählen, ich lebe mit mehreren von ihnen meinen akademischen Alltag. Es sind diejenigen, die von ihren Aufenthalten in Harvard oder irgendeinem Ort in Europa zurückkehren und verbergen, was sie dort erfahren haben. Denn selbst wenn unsere Eltern oder unsere vier Großeltern in Europa geboren worden sind, schaut das Auge des Nordens auf unsere Körperlichkeit und unsere geopolitische Position, die Position unserer Körper in der Geschichte. Das ist *Raza*, nicht etwas Substanzielles, das den Organismus oder die Person betrifft, sondern eine Position in einem historischen System von Herrschaftsverhältnissen, es ist die am Körper abzulesende Geschichte. Wir können uns also für die ungesunde, die Fanon entgegengesetzte Option entscheiden und zu dem Schluss kommen, dass das, was wir dort erfahren haben, ein Missgeschick oder ein Fehler war, oder dass es besser ist, nicht davon zu berichten, oder es einfach zu verdrängen, es zu verleugnen, den Blick, der uns klassifiziert hat, nicht zu registrieren. Das sind die beiden Lösungen, Gesundheit oder Krankheit.

Das System von Zitaten generiert außerdem die Illusion, sich ›dort‹ zu befinden, an einem hyperrealen Europa teilzuhaben, um die Kategorie von Dipesh Chakrabarty zu benutzen,
 uns an dem Ort der universellen Äußerung zu befinden. An der Universität bewohnen wir eine falsche Realität, die Hyperrealität eines Europas, das in Wahrheit nirgendwo existiert, und am allerwenigsten hier. Unsere Plattform ist nicht diejenige, die es uns erlaubt, Aussagen von universellem Wert und allgemeinem Interesse zu tätigen. Der trügerische Schein, den uns die Universität vorgaukelt, ist folgender: Dass wir es geschafft hätten, uns der Partikularität und Partialität zu entziehen, in die der Norden uns einordnet, und dass wir legitimerweise den Ort des universellen Subjekts einnehmen könnten. Um Aussagen von universellem Wert formulieren zu können, müssen wir dies von einem Ort aus tun, der als Neutrum gedacht wird. Und wenn die Wahrheiten, die man formuliert, einem allgemeinen Interesse folgen, dann können sie nicht von Menschen ausgesprochen werden, die von einer folklorisierten, rassialisierten und provinzialisierten Partikularität geprägt sind. Der Ort der Vernunft ist neutral und garantiert, dass unsere Aussagen einem allgemeinen Interesse folgen und von universellem Wert sind. Doch diese vermeintliche Neutralität der denkenden Position ist eine Fiktion, wie wir Feministinnen seit langem sagen: Das universelle Subjekt hat ein Gesicht, hat ein Angesicht. Es exis-

tiert eine koloniale Struktur, die in dem Verhältnis zwischen dem Norden und unseren Ländern die Grenzlinien zieht und die sich übrigens auch auf nationaler Ebene reproduziert, und zwar in der Beziehung zwischen der Metropole und den Provinzen. Das universelle Subjekt lebt nicht in der Provinz, es lebt in der Metropole. So sehr die Provinz alle möglichen Anstrengungen unternimmt, um sich in diesen Ort der Äußerung zu verwandeln, der die Metropole ist, wird es ihr niemals gelingen, denn diese Beziehung hat ihren Ursprung nicht in einem möglichen Wissen, sondern im Gegenteil, das Wissen ist das Ergebnis dieser Beziehung. Dem ist so, weil es Interessen einer anderen Ordnung gibt, identisch mit dem Interesse des Marktdispositivs, von dem ich eben sprach. Zudem ist die Rassialisierung und ›Vergeschlechtlichung‹ der Landschaften und Subjekte, ihre auf eine Biologie zurückgeführte ›Partikularisierung‹, funktional für die Weigerung, uns von einer Position des universellen Subjekts aus sprechen zu lassen. Das Marktdispositiv wird dies nicht zulassen. Es ist eine Struktur, die man nicht auf voluntaristische Art und Weise durch bloßen Willen verändert. Selbst wenn im hintersten Winkel der entferntesten Provinz ein großartiger Gelehrter lebte, in der Lage, eine enorme intellektuelle Vorstellungskraft zu entwickeln, wird diese Person daran gehindert sein, Wahrheiten von universeller Gültigkeit zu formulieren.

Es ist ein kurioser Mechanismus, der dazu führt, dass wir diese koloniale Struktur nicht durchkreuzen, sie nicht entthronen können … Es sei denn, wir hätten einen guten Spiegel, der uns unsere Position in der Welt zeigt, eine Position, die weder *weiß* noch männlich ist – nicht mal für diejenigen, die Männer sind –, weil es eine Position der Partialität und der Partikularität in einer Welt binärer Struktur ist.

In der Moderne organisiert diese binäre Struktur die Welt, indem sie eine Hierarchie zwischen dem Ort der universellen Äußerung und ihrem Korrelat von Partikularitäten etabliert. Diese Partikularitäten sind ontologisch nicht wirklich vollständige Andere, sondern Funktionen des Einen, ohne eigene Politizität, sie sind Ränder, Reste in Bezug auf das Zentrum, das dieser einzige Ort der Äußerung ist, die Öffentlichkeit, die Metropole. Und diese anderen Partialitäten, die Frauen, die sexuell Diversen, die *Schwarzen*, die *Indios*, sind partikulare Stimmen, die dazu bestimmt sind, nur über sich selbst zu reden. Ihre

Wahrheiten werden immer partikular sein, einem besonderen Interesse folgend. Diese Organisation der Welt, die zwischen einem ›Ort‹ der Äußerung universellen Wertes und unterschiedlichen Plattformen mit eigenen Äußerungen partikularen Interesses, also von Minderheiten, unterscheidet, ist kolonial. Lassen Sie uns einen Moment lang über die Absurdität dieser Struktur nachdenken. Sind wir Frauen eine Minderheit? Ja. Zwar nicht numerisch, aber als Sprecher-Position, als Position des Subjekts sind wir es. Diese Struktur, die uns schadet, kann nicht auf der Basis einer Illusion verändert werden. Mit unseren Universitäten ist es dasselbe: Sie sind Orte der provinziellen Äußerung, auch wenn wir darauf insistieren, so zu schreiben und zu lehren, als ob wir in Paris wären. Es ist sehr schwierig für uns, einen Gedanken zu produzieren, der dort, wo wir es gerne hätten, als interessant gilt, nämlich in Paris. Es ist nicht nur ein Selbstmord des Denkens, sondern auch die Möglichkeit der Reziprozität löst sich vollständig auf.

Wie kann man diese Situation ändern? Indem wir die Verdrängungen der Ideenproduktion unserer Welt anerkennen, indem wir uns mit bloßem Auge im Spiegel der bösen Königin betrachten und indem wir in unseren Texten und unseren

Konspekten aufmerksam dafür werden, was fehlt. Wir müssen außerdem in der Lage sein, die Art und Weise unserer Lehre wahrzunehmen, derzufolge ein guter Student und ein guter Professor diejenigen sind, die es schaffen, die Kategorien des Nordens korrekt zusammenzufassen und in die Kartei aufzunehmen. Es ist ein zutiefst de-autorisierender Prozess für unsere Studenten, er entmutigt sie, sich mit der Idee zu identifizieren, dass sie Produzenten von Kategorien sein werden. Die Arbeit der Dozenten hat sich komplett dieser Art und Weise der Lehre verschrieben. Es geht nicht darum, dass man es nicht wissen, das andere Denken nicht kennen sollte, aber man sollte es als ›anderes‹ Denken kennen. Wir erfüllen unsere Aufgabe als Lehrende und Autoren nicht: Wir müssen nicht lehren, zu lernen, wir müssen lehren, zu denken.

Im Publikum herrscht eine gewisse Unruhe. Die Fragen nach dem Wie häufen sich. Wie soll man aus der Notwendigkeit der Validierung ausbrechen? Wie soll man es schaffen, die Richtung der theoretischen Kategorien umzukehren, durch Übertragungen, über den Inhalt? Jemandem rutscht das Wort »Rezept« heraus, auch wenn er bekräftigt, dass es ihm nicht darum gehe, eines zu bekommen. Ich empfinde einen profunden Widerspruch zwischen diesem Wunsch nach Lösungen, nach Regeln, die man befolgen soll, und Ritas Provokation, dieses Uns-Drängen, uns unseren Weg auf genuinere Art und Weise vorzustellen. Es sollte nicht eine neue Notwendigkeit der Validierung sein – selbst wenn sie dieses Mal von jemandem ausgesprochen wird, der uns näher steht –, das uns zum eigenständigen Denken bewegt.

Warum ich meinen Essay als Prolog benutzt habe? Ich habe ihn benutzt, damit Sie mir zuhören, denn ich bin validiert worden. Ich sollte das nicht tun müssen. Aber wir müssen es tun, denn diese Validierung stammt aus dem Auge des Gesetzes, das nicht hier wohnt. Was für ein Werk ist das, mein kleiner Essay, den diese Reihe für eine Übersetzung ausgewählt hat, um daraus einen Prolog zu machen? Eines, in dem ich über diese Wahrheit spreche, über unsere Wahrheit. Und solange wir nicht über unsere Wahrheiten sprechen, wird das, was wir sagen, nicht viel Wert haben. Wie entkommt man der Reproduktion dieses Ortes, an dem ich mich validieren muss, indem ich sage, dass Agamben gesagt hat, dass das Recht eine Frage des Glaubens ist, wenn wir das alle jederzeit auch ableiten können? Warum

muss ich meine Äußerung validieren, indem ich einen Autor zitiere, der im Norden veröffentlicht und für den Norden übersetzt worden ist? Wie kommt man aus dieser Art des Seins und des Agierens in der Wissenschaft heraus?

Erstens ist es wichtig, zu erkennen, dass wir vor einem Problem stehen, das das gleiche Problem wie jenes der Frauen ist. Ich glaube, dass die psychoanalytische Erzählung eine der vielen Erzählungen ist, die die verschiedenen Zivilisationen der Welt geschaffen haben, um auf eine Struktur hinzuweisen, die eine Struktur der Macht ist. Die Psychoanalyse entdeckt diese Struktur, wenn sie das Gesetz des Vaters, die väterliche Funktion, schildert. Die praktizierenden Analytiker akzeptieren das nicht, für sie ist es die »Normalität«, an die wir uns schlicht anzupassen haben. An diesem Punkt wird ein Unterschied zwischen uns Feministinnen und den Analytikern der klinischen Praxis offenbar, ist unser Gebrauch der Psychoanalyse, unsere Art und Weise, sie zu kannibalisieren, doch so ganz anders. Für die klinische Praxis muss die Gesellschaft so sein, es muss eine väterliche Funktion geben, eine Figur der Mutter, einen ödipalen Prozess, einen Prozess des Auftauchens des Subjekts als mangelhaftes Subjekt. Das ist es die Normalität. Für uns hingegen ist genau dies das Rohmaterial für eine Kritik der Struktur, um darüber nachzudenken, wie wir aus ihr herauskommen, nicht, wie wir sie reproduzieren. Anders als die klinische Psychoanalyse benutzen wir die psychoanalytische Erzählung, um die Struktur der Macht zu identifizieren, die für uns an der Universität die gleiche ist, die Notwendigkeit, uns selbst gegenüber einem Anderen zu validieren. Es gibt nur ein Auge, das urteilt, ein Auge, dass das Wahre, das Gute und das, was Prestige hat, validiert, und es ist das Auge, dass sich in jener Position befindet, die in der Psychoanalyse »väterliche Funktion« genannt wird, das Gesetz. Aber das gibt es auch in der Beziehung zwischen dem Imperium und der Kolonie, zwischen dem validierenden Auge des Zentrums und uns als Reproduzenten dieser Validierung. Es ist die gleiche Struktur.

Dann stellt sich die Frage: Wie brechen wir dieses Schema auf, das das Gleiche ist, das wir Frauen kennen? Wie stellen wir es zum Beispiel an, dass es sich in einem Haushalt, der aus zwei verheirateten Frauen oder verheirateten Männern besteht, nicht reproduziert? Denn es ist keine Frage des Geschlechts, es ist eine Frage der Relation von Positionen. Wir Frauen haben darüber viel nachgedacht. Für den Moment sehe ich zwei mögliche Wege. Auf der einen Seite den poststrukturalistischen Weg, der der Weg der Erosion ist, der schlechten Praxis, in ihren verschiedenen Varianten. Das ist die große Diskussion im Buch von Žižek, Butler und Laclau mit dem Titel *Kontingenz, Hegemonie, Universalität.* Die poststrukturalistische Position könnte man wie folgt zusammenfassen: »Wir werden das System reproduzieren, aber schlecht, wir werden es mangelhaft reproduzieren, wir werden es zerbröseln, aushöhlen, wir werden es nachahmen, aber mangelhaft.« Der Ausweg ist also die schlechte Praxis, die falsche Imitation, die parodistische Imitation. Auf der anderen Seite steht der dekoloniale Diskurs, der ebenfalls dekonstruktivistischer Art ist. Er schlägt vor, Breschen des Ungehorsams zu schlagen, die die Gewissheiten erschüttern und die Annahme des festen Bodens, auf dem wir stehen, aushöhlen. Wenn ich die Rolle der Vortragenden oder der Professorin verkörpere, und ich sie schlecht verkörpere, so wie ich das tue, indem ich Spiegeleier brate, dann arbeite ich an der Aushöhlung des Systems mit, damit es sich nicht reproduziert. Auf diesem Weg werden wir eines Tages bei einer Änderung der Erdachse ankommen, bei einem In-Unordnung-Bringen der Struktur. Ich glaube, es ist ein Fehler, die Veränderung mit der Idee anzustreben, die Macht zu übernehmen, so wie es die feministische Bewegung oft vorgeschlagen hat. Im Gegenteil, ich denke, es ist ein Opfer.

Als ich mich von den Autoren des Nordens befreien wollte, habe ich ein Feld gesucht, auf dem es möglich sein würde, eine komplette Veranstaltung mit großen theoretischen Anteilen an meiner Universität durchzuführen, ohne einen einzigen europäischen oder nordamerikanischen Autor zu zitieren. Ich habe es auf dem Feld des Rechtspluralismus gefunden, dem Studium anderer Rechtssysteme und -traditionen, zum Beispiel der kommunitären Rechtssysteme, die heute am ehesten durch die Rechtssysteme der indigenen *Pueblos* repräsentiert werden. Auf diesem Feld gibt es Autoren von großer theoretischer Raffinesse, die von unserem Kontinent stammen. Das Seminar basierte natürlich auf einem dekolonialen Ansatz, es war eine Form der Untergrabung meiner eigenen Praxis als Professorin für Postgraduierte. Ungehorsamkeiten dieser Art, die haarfein und vielfältig sein können, sind ein möglicher Weg. Das Dekoloniale und die poststrukturalistischen Breschen der Erosion durch schlechte Praxis oder Umwege, und sogar durch Humor, durch all das, was die Systeme von Autorität destabilisiert, sind Formen derselben Sache. Wir sagen »dekolonial« und nicht »Dekolonisation«, denn die Dekolonisation wäre nur ein anderer Purismus: Es hieße, zu sagen: »Wir befreien uns von all dem, was die Konquista und die Kolonisation hier installiert haben und werden wieder *Indios*.« Das ist unmöglich, das kann nicht der Weg sein. Denn dieser *Indio* kann kein idealer *Indio* sein, es kann kein *Indio* außerhalb der Zeit sein, es kann kein *Indio* außerhalb der Geschichte, allein auf die Vergangenheit bezogen, sein. Alle menschlichen Gesellschaften sind in der Zeit, sind in ihrem historischen Projekt. Keine Gesellschaft ist – oder war jemals – eine Gesellschaft, die ausschließlich moralische Werte und Sitten und Gebräuche immer wieder reproduziert. Das gibt es nicht, es ist eine kulturalistische, fundamentalistische Fiktion, die viel Schaden anrichtet. Kulturalismus und Fundamentalismus sind synonym. Der anthropologische Kulturbegriff neigt zur Essenzialisierung, trotz des Versuchs vieler Anthropologen, ihn von diesen Essenzialismen zu entkoppeln. Und das ist gefährlich. Jedes *Pueblo* ist in der Geschichte. Was es gibt, sind mehr oder weniger stabilisierte historische Szenen, Konzepte, Werte, kategoriale Einheiten oder Muster, immer mehr oder weniger stabil, aber nie unbeweglich. Deshalb kann das Wort nicht »dekolonisieren« sein. Es geht vielmehr darum, dekoloniale Aktivitäten und Diskurse zu produzieren, die das Machtmuster der Kolonialität dekonstruieren, das die Subjektivitäten seit fünfhundert Jahren strukturiert. Dieser Vorschlag hat große Affinität zum poststrukturalistischen Denken der Erosion, der Destabilisierung der Welt.

Das ist meine Position, bis hierhin bin ich gekommen, was auch bedeutet – wie wir in den vergangenen Tagen in meinem Seminar gesagt haben –, die tragische Struktur der Geschichte zu ertragen. Es gibt keine Notwendigkeit, puristisch zu sein, es gibt keinen Gegensatz zwischen dem absolut Wahren und dem absolut Falschen, in diesem strengen Sinne gibt es keine Wahrheiten. Das ist sogar die reale Dialektik. Um zu verstehen, was Dialektik ist, muss man einer laufenden Krabbe zusehen. Und wie läuft eine Krabbe? Sie läuft nicht vorwärts, ihr Gang ist widersprüchlich. Er ist überraschend. Die Geschichte verläuft auf diese Art und Weise. Die Unsicherheit des Gangs der Krabbe ist für mich das Bild für die Struktur der Geschichte, die nie in einer vorhersehbaren Richtung fortschreitet. Und in dieser

Unvorhersehbarkeit des historischen Weges wurzelt auch, und zwar in großem Maße, die Hoffnung. Ich glaube, dass der Fehler des kanonischen Marxismus darin bestanden hat, sich eine bestimmte Art von Gesellschaft vorzustellen und diese als das Ziel vorzuschlagen, dem die Zukunft notwendigerweise entsprechen müsse. Das ist nicht das Narrativ der tragischen Struktur, die wir verstehen und ertragen lernen müssen. Die einzige konkrete Form der Kontrolle über die Akkumulation haben die indigenen *Pueblos* ausgeübt, die sich nicht von einer Abstraktion der Zukunft, sondern von einem gegenwärtigen Glück leiten ließen. Sie haben außerdem eine einzigartige und originelle Art und Weise, in der Geschichte zu sein: Sie ertragen die Idee, dass A und Nicht-A sich nicht widersprechen und gleichermaßen wahre Realitäten zur gleichen Zeit sein können. Wer als Ethnograph gearbeitet hat, kennt das: Widerspruch ist möglich, er existiert und muss ausgehalten werden. In den Monotheismen, im modernen Westen, im modernen Rationalismus stellen der Widerspruch, das Andere und die Differenz Probleme dar, die überwunden werden müssen: A und Nicht-A können nicht gleichzeitig wahr sein: Wenn A gilt, gilt Nicht-A nicht. Die *Pueblos* haben da ein anderes Verständnis, mit mehr Ruhe, entspannter, und sie ertragen die instabile Logik, der die Geschichte folgt, ohne Probleme. Sie sind in den instabilen Fluss der Zeit integriert und sie wissen, wie man langfristig denkt, in Begriffen einer sehr, sehr langen Dauer … Wir, unsere Regierungen, sind unglücklicherweise auf fatale Weise kurzsichtig, denn der durch den kolonialen Raubbau installierte Rhythmus ist immer der unmittelbare, der hastige und gierige eines Diebs. Genau in dieser Ruhe im Angesicht des Widerspruchs liegt die Fähigkeit des *Indios*, auch unter den schlimmsten vorstellbaren Bedingungen – Bedingungen eines anhaltenden Genozids – zu verharren. Es ist möglich, ein Monotheist zu sein und gleichzeitig dem Kult der Sonne anzuhängen, die Pachamama zu feiern. Es ist möglich zu verhandeln, sich anzupassen. Das ist ihre strategische Intelligenz gewesen, ihr Vermögen, in der Zeit fortzuschreiten, und »den Weg im Gehen zu finden«. Frei von der Vorgabe einer endgültigen Gesellschaft, eines vorbestimmten Formats, ersonnen von einem Deutschen an seinem Schreibtisch … Dieses vorbestimmte Schicksal ist nicht – und war nie – der Weg der *Pueblos*, die es verstanden haben, den kolonialen Genozid und die schlimmsten Bedingungen der Existenz über einen Zeitraum von über fünfhundert Jahren zu überleben, ohne zu desertieren, selbst inmitten eines Kontinents voller Deserteure, und ohne die Ziele der Kollektivität zugrunde gehen zu lassen … Kommunitäre Ziele, die, dysfunktional für das historische Projekt des Kapitals, den Individualismus unter Kontrolle halten und der entfesselten Akkumulation präzise Grenzen setzen.

Ein Epilog für viele Prologe

Der Applaus zog sich in die Länge. Darauf folgte das Gemurmel der Kommentare, die man sofort austauscht. Ich verspürte das Bedürfnis, meine Kollegen im Publikum anzuschauen. Wie nimmt man einen Vortrag auf, der ausschließlich aus Prologen oder Vorreden, aus »Vignetten« besteht? Ich bemerkte lächelnde Gesichter. Eine Frau meinte, sie würde mit einer Liste von Büchern, die sie lesen wolle, Filmen, die sie sehen wolle, und Gemälden, die sie suchen wolle, nach Hause gehen. Rund um das Podium sammelten sich einige Menschen um die Vortragende, die auch lächelte. Ich hatte das Gefühl, dass etwas sehr anderes geschehen war als das, was normalerweise bei einer akademischen Konferenz passiert. Später, wenn sie sich an diesen Moment erinnerten, sprachen einige von einem denkwürdigen Auftritt, andere sagten, dass Ritas Stil ihre Aufmerksamkeit gebannt habe, dass sie sich von ihr angesprochen gefühlt hätten, dass sie wieder hingehen würden, um ihr zuzuhören. Ich glaube, dass der Vortrag aufgrund der Art und Weise der Äußerung einer künstlerischen Erfahrung ähnlicher war als einem intellektuellen Vortrag mit einer ästhetisch-affektiven Wirkung, die gleichwohl die Diskussion von Ideen nicht verhinderte, ganz im Gegenteil.

Ich für meinen Teil dachte noch eine Weile über den Inhalt des Vortrags nach. Wie bringt man Elizabeth Costello, einen schwarzen-schwulen Studenten aus dem brasilianischen Nordosten mit seinem homophob-rassistischen Professor, Hannibal Lecter, Charlie Chaplin in ›Rampenlicht‹, den Kaiser Don Pedro II. mit seinem Kindermädchen, Agamben und Fanon zusammen? Wie bringt man sie in einen Dialog mit unseren Ideen zum politischen Sinn der Universität als Ort der Produktion von dekolonialen Aktivitäten in Forschung und Lehre? Zu welchen Lernprozessen hat Rita uns mit einem derartigen Defilée von Persönlichkeiten, Geschichten und Belegen eingeladen? Sie hat ihr Denken mit einer faszinierenden Freiheit vor uns entfaltet, um unsere Vorstellungskraft zu animieren, und uns mit der gleichen Geste gezeigt, dass ein authentischer Weg zur Autorschaft möglich ist. Das ist ihre Pädagogik, sie rüttelt uns auf, sie verscheucht unsere Unterwürfigkeit, sie drängt uns, über alle intellektuellen Fesseln hinweg zu denken, sie überzeugt uns, dass auch wir Autoren von interessanten Kategorien sein können. Es ist, kurz gesagt, eine Pädagogik der Ermächtigung. Und Kohärenz ist Teil ihres Entwurfs, Kohärenz zwischen Worten und Taten, die sich, je nachdem, wer ihr gerade zuhört, im Auseinanderbröseln und wieder Zusammensetzen ihres Denkens bemerkbar macht. Auch dieser Text, dieser Versuch, so unterschiedliche Stimmen zusammenzubringen, ist ein weiteres Beispiel für ihre Kohärenz in genau diesem Sinne des Ermächtigens.

Anmerkungen

1 Der Vortrag wurde unter dem Titel: *Die Universität aus der kritischen Perspektive der Kolonialität denken* am 8. Juli 2015 in Córdoba gehalten und als: *Cuadernos para el Debate*, Instituto Oscar Varsavsky, Córdoba: ADIUC. N° 2(2016) publiziert. [Paulina Álvarez, die Ko-Autorin und Kommentatorin des Vortrags von Rita Laura Segato, promoviert zur Zeit in Mexiko.]

Glossar

afro-deszendent • im Orig.: *afro-descendientes*; benennt Personen, die sich als Nachfahren afrikanischer Sklaven ansehen oder denen dies zugeschrieben wird.

criollo • wörtl.: kreolisch, Kreole, in Hispanoamerika aber auch ›Einheimischer‹, worin sich die komplexe Bedeutung des Wortes bereits andeutet: Im spanischen Kolonialreich wurden als *Criollos* die ersten Nachfahren von Europäern, meist Spaniern, in Abgrenzung zu Spaniern aus dem Mutterland klassifiziert. In der Entstehung des argentinischen Nationalstaats im 19. Jahrhundert kam den *Criollos* eine zentrale Rolle zu, im 20. Jahrhundert war der Begriff bei der Herausbildung einer spezifischen kulturellen Identität in Literaturwissenschaft, Theater und im Tango bedeutend. Heute wird der Begriff teilweise in Abgrenzung zu Personen nichteuropäischer Herkunft, aber häufig auch als Synonym für ›argentinisch‹ benutzt, obwohl sich nur wenige Argentinier:innen selbst als *criollo/criolla* bezeichnen würden. Aus dekolonialer Sicht haben die *Criollos* das Machtmuster der Kolonialität ihrerseits naturalisiert und zeichnen somit seit der Unabhängigkeit für eine innere Kolonisierung verantwortlich. Der Begriff klassifiziert Menschen entlang des Konstrukts *Raza* und wird daher hier kursiviert.

Gemeinde – Gemeinschaft – Kommune – Kommunität • im Orig.: *comunidad/comunal, comunitario*; bezeichnet im vorliegenden Buch Gruppen, die sich dem kolonial-modernen Muster – und damit dem Individualismus und dem Kapitalismus – teilweise insofern verweigern, als ihre Vorstellungen und Praktiken anderen Maximen folgen, die Segato als beispielgebend beschreibt. ›Comunidad‹ wird häufig synonym zu afrodeszendente oder indigene *Pueblos* verwendet. Ähnlich wie im Gemeinschaftlichen Feminismus (*feminismo comunitario*) von J. Paredes scheint die

›comunidad‹ bei Segato als Ausgangs- und Anknüpfungspunkt für gesellschaftliche Veränderung auf. Im Deutschen variiert die Übertragung: ›Gemeinde‹ akzentuiert die räumlich-geographische Verfasstheit dort, wo der Bezug zum Lokalen, der Allmende, dem Territorium oder der Landschaft, also dem Ort, den diese Gruppe bewohnt und der für ihre kollektive Identität bedeutsam ist, im Vordergrund steht. ›Gemeinschaft‹ betont den Zusammenhalt der Mitglieder dieser Gruppe, wobei Segato nicht klar zwischen Gemeinschaft und Gesellschaft differenziert. ›Kommune‹ vereint in der Doppeldeutigkeit als Synonym für Gemeinde im Sinne einer kleinen Verwaltungseinheit und als Bezeichnung für Formen verbindlichen Zusammenlebens und Wirtschaftens beide Aspekte. Das Adjektiv ›kommunitär‹ bezieht sich auf den – leider ungebräuchlichen – Begriff ›Kommunität‹, was gleichermaßen Gemeingut wie Gemeinschaft bedeutet.

indigen • ist ursprünglich als kolonial-moderne Kategorie mit *indío* verknüpft. Seit den achtziger Jahren haben sich Teile der so bezeichneten Gruppen den Begriff angeeignet und verwenden ihn in emanzipatorischer Intention als positive Selbstbezeichnung. Im politischen und nationalstaatlichen Kontext agieren heute unterschiedliche *Pueblos* häufig als ›indigene Organisation‹ und setzen so ihre Ethnizität als politische Ressource ein.

indío • dt.: Indianer; nannten die europäischen Kolonisatoren die autochthonen Bevölkerungen Amerikas. Die Verallgemeinerung *indío* ist ein politisches und soziales Konstrukt, mit dem die Kolonialherren die Kolonisierten zu einer homogenen Gruppe zusammenfassten, auf dieser Basis rassistische Kategorisierungen vornahmen und so Ungleichheitsstrukturen schufen. Der Begriff klassifiziert entlang des Konstrukts *Raza* und wird daher kursiviert.

Pueblo • hat im lateinamerikanischen Kontext eine andere Begriffsgeschichte und somit andere Bedeutung(en) als in der deutschen Sprache: Erstens bedeutet das Wort nicht nur ›Volk‹, sondern auch ›Dorf‹. Zweitens bezeichnet es ›die Leute‹ und damit sind zumeist die ›einfachen Leute‹, die sozial und strukturell benachteiligten Teile der Gesellschaft, gemeint. So wird Pueblo auch als »vielschichtige Gemeinschaft der Unterdrückten« (Fornet-

Betancourt) mit einer eigenen ›popularen‹ – was eventuell als ›volkstümlich‹, sicher aber nicht als ›völkisch‹ übersetzt werden kann – Kultur definiert. In dieser Konnotation gibt es Anknüpfungspunkte bei Antonio Gramsci. Drittens werden die autochthonen Bevölkerungsgruppen als ›pueblos indígenas‹ bezeichnet. Sie waren von jeher eine »partikulare Gruppe innerhalb oder jenseits der Vorstellung vom modernen Nationalstaat«, weshalb der deutsche Begriff ›indigene Völker‹ ein Widerspruch in sich ist (s. Kastner). Im Deutschen hingegen wird der Begriff Volk zum einen stark mit Staat, Nationalstaat und Nation assoziiert, zum anderen ist er spätestens seit dem Nationalsozialismus mit seinem ›völkischen‹ Gedankengut auch biologistisch und rassistisch konnotiert.

Raza • dt.: Rasse; bezeichnet im Werk von Aníbal Quijano ein Konstrukt, eine Fiktion, eine Erfindung, die er als das grundlegende Element des als Kolonialität bezeichneten Machtmusters definiert (vgl. auch Segatos Definition in Anlehnung an Quijano; in diesem Buch S. 82f). Entlang dieses Konstrukts wird mit den Begriffen *schwarz*, *indigen*, *mestizisch*, *criollo* und *weiß* eine Klassifizierung in Untergruppen der Spezies Mensch vorgenommen, die wissenschaftlich gegenstandslos, aber in der Vorstellung und der sozialen Praxis des rassistischen Markierens weiterhin wirkmächtig ist. *Raza* ist somit auch im Spanischen immer rassistisch kodiert. Gleichwohl finden sich im lateinamerikanischen Kontext auch affirmative Bezugnahmen, so zum Beispiel im Entwurf der ›raza cósmica‹ von José Vasconcelos. In Abgrenzung zum deutschen Begriff der Rasse, der zudem nationalsozialistisch und antisemitisch konnotiert ist, wird der spanische Begriff beibehalten. Entsprechend wird der Prozess der Zuschreibung als Rassialisierung/rassialisieren und das somit Zugeschriebene als Rassialität/rassial bezeichnet. Auf die – im Grunde konsequenteren – Ableitungen (Razialisierung, Razialität & razial) wird mit Blick auf die im Deutschen bereits übliche Übertragung, die teilweise auch für Übersetzungen des Englischen ›race‹ benutzt wird, verzichtet.

weiß & schwarz • im Orig.: *blanco & negro*; bezeichnen ein europäischstämmiges Individuum weißer Hautfarbe bzw. ein afrikanischstämmiges Individuum dunkler Hautfarbe. Es sind Unterscheidungen entlang des Konstrukts von *Raza*, sie dienen als solche der rassistischen Klassifizierung. Phänotypische Merkmale als Differenzierungs- und Hierarchisierungsmerkmale von Menschen entbehren jeder wissenschaftlichen Grundlage, sind als Kategorien aber weiterhin wirkmächtig. Sie werden daher kursiviert.

Weißmachen & Weißsein • im Orig.: *blanquear/blanqueamiento & blanquitud*; bezeichnen im Machtmuster der Kolonialität ein Dispositiv, demzufolge sich alle lateinamerikanischen Bevölkerungsgruppen einem *weißen* Ideal annähern sollen. Die Begriffe werden durch Kursivierung als Konstrukt markiert.

Literatur

Exner, Isabel; Rath, Gudrun (Hg.): Lateinamerikanische Kulturtheorien. Grundlagentexte. Konstanz: Konstanz University Press 2015.

Graneß, Anke; Kopf, Martina; Kraus, Magdalena (Hg.): Feministische Theorie aus Afrika, Asien und Lateinamerika. Wien: Facultas 2019.

Kastner, Jens: Pueblo. Probleme einer Übersetzung. In: MALMOE, Wien, 62(2013), S. 24, s. http://www.jenspetzkastner.de/artikel/diskurs/archiv-diskurs/pueblo.

Quijano, Aníbal: Kolonialität der Macht, Eurozentrismus und Lateinamerika. Aus dem Spanischen von A. Jenss & S. Pimmer. Wien: Turia + Kant 2016.

Quintero, Pablo; Garbe, Sebastian (Hg.): Kolonialität der Macht. De/Koloniale Konflikte: zwischen Theorie und Praxis. Münster: Unrast-Verlag 2013.

Theurer, Karina; Kaleck, Wolfgang (Hg.): Dekoloniale Rechtskritik und Rechtspraxis. Baden-Baden: Nomos Verlagsgesellschaft 2020.

Tuider, Elisabeth; Burchardt, Hans-Jürgen; Öhlschläger, Rainer (Hg.): Frauen (und) Macht in Lateinamerika. Baden-Baden: Nomos Verlagsgesellschaft 2013.